청년,
대한민국의 미래를 꿈꾸다

젊음의 이름으로 대한민국을 꿈꾸다

이중민 지음

북퍼브

프롤로그

대한민국의 역사는 곧 '도전의 역사'였다.

가난과 전쟁, 분단과 혼란 속에서도 국민은 다시 일어나 산업화를 이루고, 민주주의를 정착시켰으며, 기술 강국으로 도약했다. 그리고 그 중심에는 언제나 '청년의 도전'이 있었었다. 지금 우리 사회는 다시 한번 거대한 변곡점 앞에 서 있다.

인공지능과 기술혁명, 인구 변화, 기후 위기, 그리고 세대 전환이 동시에 일어나고 있다. 한 세대가 쌓아 올린 질서가 무너지고, 새로운 세대가 또 다른 규범을 만들어 내는 격변의 시대. 대한민국의 미래는 청년의 생각과 선택, 그리고 그들의 실행력에 달려 있다.

지금의 사회는 청년의 실패를 새로운 시작이 아닌 마지막으로 단정한다. 그러나 실패는 끝이 아니라, 다시 도약하기 위한 과정이어야 한다. 도전 없는 삶은 발전을 멈추게 하고, 두려움은 변화를 가로막는다.

오늘의 청년들은 각자의 자리에서 세상을 바꾸고 있다. 누군가는 스타트업으로 문제를 해결하고, 누군가는 지역과 사회운동으로 공동체를 재구성하며, 또 누군가는 정치와 공직의 길에서 새로운 언어를 만든다.

청년의 도전이 지속되려면 사회가 '실패할 권리'와 '다시 일어설 기회'를 보장해야 한다. 실패를 용인하지 않는 사회는 도전을 낳지 못하고, 도전이 사라진 사회는 결국 쇠퇴한다. 진정한 국가 경쟁력은 성장률이나 기술력이 아니라, 도전을 존중하고 재도전을 가능하게 하는 문화에 있다.

새로운 시대에는 지식보다 사고의 유연성이 중요하다. 현실을 직시하고, 기존의 질서를 비판적으로 재해석하며, 필요하다면 전혀 다른 길을 선택할 수 있는 용기, 그것이 지금 청년에게 필요한 힘이다. 그리고 사회는 이러한 창의와 실행력을 제도적으로 뒷받침해야 한다.

앞으로의 대한민국은 '창의가 정책이 되고, 정책이 다시 혁신으로 이어지는 나라'가 되어야 한다. 정책은 추상적인 제도가 아니라, 사람의 삶을 바꾸는 힘이다. 좋은 정책은 거창한 구호가 아니라, 일상 속에서 체감되는 변화로 증명된다. 정치가 권력의 언어가 아니라 국민의 언어가 될 때, 우리는 비로소 진정한 민주주의에 다가갈 수 있다. 이제 청년은 정책의 수혜자가 아니라 설계자여야 한다. 시민과 전문가, 공공과 민간이 함께 협력하는 참여형 정책 생태계 속에서, 청년의 아이디어가 제도로 구현될 때 정치는 다시 신뢰를 얻게 된다.

기술이 아무리 발전해도, 사회의 방향을 결정하는 것은 결국 사람이다. AI와 로봇이 사회를 바꿀 수는 있어도, 그 사회의 윤리와 가치를 세우는 것은 인간이다. 교육은 지식을 주입하는 과정이 아니라 사고를 확장하는 과정이어야 한다. 아이디어와 도전이 존중받는 사회, 실패를 통해 성장할 수 있는 환경이 곧 '교육이 국가 경쟁력'이 되는 길이다. 또 한 청년이 지역에 머무르고 창조할 수 있는 혁신 생태계가 조성될 때, 대한민국은 수도권 중심의 불균형을 넘어 '모든 지역이 함께 성장하는 나라'로 나아갈 수 있다.

정치는 권력이 아니라 약속의 언어다.

그 약속은 한 세대의 완성이 아니라, 세대와 세대를 잇는 지속적인 노력 속에서 완성된다. 청년 세대는 이제 그 약속의 중심에 서 있다. 그들은 더 이상 변화를 기다리지 않는다. 스스로 변화를 만들어가며, 때로는 벽을 부수고 새로운 시대의 문을 연다.

이 책은 그런 청년들의 도전 정신과, 그 속에서 내가 보고 느낀 대한민국의 변화 방향을 담았다. 나는 이 책을 통해 단 한 가지를 전하고 싶다. "실패해도 좋다. 다만, 멈추지 말라."

도전은 결과보다 과정에 의미가 있고, 변화는 두려움보다 가능성에서 비롯된다. 청년의 도전이 곧 대한민국의 희망이다. 그들의 열정이 세상을 바꾸고, 그들의 꿈이 미래를 설계한다. 나는 그 길 위에서 청년과 함께 걸으며, 대한민국의 새로운 미래를 써 내려가고자 한다.

추천의 글

『청년, 대한민국의 미래를 꿈꾸다.』은 한 청년의 개인적 기록을 넘어, 우리 사회가 나아가야 할 방향을 진지하게 묻는 책입니다. 이중민 저자는 삶의 여러 장면 속에서 청년 세대가 안고 있는 고민을 생생히 담아냈습니다. 그는 안정된 길보다 낯선 길을 선택했고, 실패 속에서도 배움을 멈추지 않았습니다. 군에서 배운 책임감과 사회에서 체득한 유연함을 바탕으로 지역에서 공동체 정신을 실천했습니다.

이 책의 가장 큰 매력은 솔직함입니다. 저자는 자신의 경험을 미화하지 않고, 수많은 시행착오와 좌절의 과정을 통해 얻은 통찰을 담담히 풀어냈습니다. "실패는 끝이 아니라 시스템을 읽는 수업"이라는 문장은 이 시대 모든 청년들에게 전하는 현실적 조언이자 위로였습니다. 청년이 다시 일어설 수 있는 사회, 도전이 존중받는 문화가 진정한 국가 경쟁력이라는 그의 메시지가 가슴에 와 닿습니다.

책 곳곳에 녹아든 정치에 대한 단상도 인상 깊습니다. 저자는 정치를 권력의 기술이 아닌 '사람의 언어'로 해석했습니다. 정책은 국민의 일상 속에서 완성되어야 하며, 정치는 그들의 삶을 변화시키는 약속의 과정이어야 한다고 것입니다. 청년이 정책의 수혜자가 아니라 설계자로 참여해야 한다는 그의 주장은 미래세대의 정치 참여가 단순한 구호가 아님을 보여줍니다. 청년이 단순히 미래의 주인공이 아니라 '지금, 이 순간' 대한민국을 움직이는 주체임을 증명합니다. 인공지능 시대의 기술 발진 속에서도 인간의 가치와 공동체의 연대가 중요하다는 그의 믿음은, 우리 사회가 지켜야 할 근본적인 방향을 제시합니다.

『청년, 대한민국의 미래를 꿈꾸다.』는 청년의 눈으로 세상을 바라보게 만듭니다. 변화는 두려움에서 시작되지만, 두려움을 넘어설 때 비로소 새로운 시대가 열립니다. 지역에서, 현장에서 부딪혀온 청년의 삶은 세상을 바꾸는 동력이고 다음 세대를 위한 다리입니다. 이 책이 던지는 질문과 메시지가 대한민국 청년과 시민들에게 용기와 희망이 되기를 바랍니다.

국회의원 강득구

『청년, 대한민국의 미래를 꿈꾸다』는 청년이 주체가 되어 도시와 사회를 변화시켜 나가는 과정을 진정성 있게 담고 있다. 단순한 성공담이 아닌, 실패와 도전을 통해 성장하는 청년의 여정을 보여주며 우리 사회가 청년에게 어떤 환경을 만들어야 하는지 묻는다.

오늘날 우리가 살고 있는 사회는 청년들이 살아가기 쉽지 않은 환경이다. 미국의 관세 정책 등으로 인한 대내외적 불확실성 증가, 기업 간 경쟁 심화로 인해 많은 청년들이 심각한 취업난과 주거 문제, 사회적 부담 등의 어려움 속에서 자신의 내일을 그려나가려 애쓰고 있다.

우리 안양은 청년이 머물고 꿈꾸며 도전할 수 있는 청년친화도시다. 이러한 청년세대의 현실에 깊이 공감하며, 청년들이 꿈을 포기하지 않고, 실패하더라도 다시 일어서서 도전할 수 있는 든든한 울타리가 될 수 있도록 더 많은 노력을 기울여야 한다는 책임감을 느낀다.

청년 시기는 실패와 시행착오 속에서 잠재력을 키우는 소중한 시기다. 도전의 실패에 대한 두려움보다 도전을 통한 성장이 더 큰 자산이 될 것이다. 청년 시절 실패와 어려움을 겪어본 인생의 선배가 적어준 이 책이, 청년들의 삶에서 스스로의 가능성을 믿고, 계속해서 성장하며 나아갈 수 있는 따뜻한 길잡이가 되기를 바란다.

안양시장 최대호

『청년, 대한민국의 미래를 꿈꾸다』은 한 청년의 인생 기록이자, 한국 사회가 미래 교육과 세대 변화를 어떻게 바라보아야 하는지를 진지하게 성찰하게 하는 책이다. 저자 이중민은 단순히 자신의 이야기를 전하는 데 그치지 않고, 우리가 놓치고 있는 사회의 구조적 문제를 '청년의 시선'으로 해석한다. 그 진정성과 통찰은 책의 모든 문장에서 느껴진다.

나는 이중민 저자를 2019년 대학원에서 처음 만났다. 이후 2년여간 한국교육IT서비스업협동조합에서 함께 근무하며, 그는 전국의 초·중·고 학교 현장을 직접 발로 뛰며 교육의 현실을 몸으로 이해한 청년이다.

행정실의 복잡한 구조, 디지털 전환의 어려움, 지역 간 교육 격차 등 그가 마주한 현장은 단순한 이론이 아닌 '대한민국 교육의 현주소'였다. 그는 그 복잡한 현실 속에서도 늘 "학교는 행정이 아니라 사람의 성장 공간이어야 한다"는 철학을 잃지 않았다.

20년 넘게 교육 현장을 지켜온 나로서도, 그의 태도는 신선했다. 문제를 비판하기보다 해결을 모색했고, 기술보다 사람을 우선시했다. 디지털 교과서, AI 학습 도구, 학교 행정 자동화 같은 주제를 논의할 때도 그는 늘 "이 기술이 아이들에게 어떤 변화를 주는가"를 먼저 물었다. 정책과 시장의 언어가 아닌, 교육의 본질을 지키려는 태도였다.

이 책은 그런 그의 시선이 집약된 결과물이다. 군에서 배운 책임감, 사업을 하며 얻은 현실감각, 그리고 교육 현장에서 체득한 공공의식을 바탕으로, 그는 청년의 도전이 단순한 개인의 성공이 아니라 사회를 변화시키는 힘임을 증명한다. 특히 "정책은 제도가 아니라 사람의 언어"라는 그의 말은, 현장 중심의 교육사업을 이어온 나에게도 깊은 울림으로 다가왔다.

이중민은 늘 현장에서 답을 찾았다. 실패를 두려워하지 않고, 배움을 멈추지 않았으며, 언제나 '함께 성장하는 사회'를 꿈꿨다. 『청년, 대한민국의 미래를 꿈꾸다』은 그런 그의 철학이 녹아 있는 책이다. 청년 세대의 고민을 넘어, 교육과 사회, 그리고 국가가 어떤 방향으로 나아가야 하는지를 보여주는 귀중한 나침반이 될 것이다.

이 책을 읽는 모든 이들이, 이중민의 진심과 열정 속에서 '변화를 만드는 용기'를 얻길 바란다. 우리 사회가 다시 성장하기 위해 필요한 것은 거대한 담론이 아니라, 이처럼 현장을 이해하고 사람을 중심에 두는 진정한 실천가들의 이야기이기 때문이다.

한국교육IT서비스업협동조합 이사장 이성문

청년 세대가 스스로의 삶을 설계하고 사회 변화를 이끌어가는 과정을 생생하게 담고 있다. 저자의 진솔한 기록 속에는 도전과 책임, 그리고 공동체를 향한 따뜻한 시선이 녹아 있다. 세 자녀의 아버지로서 나는 이 책이 우리 아이들에게 '세상은 바꿀 수 있다'는 믿음을 심어줄 것이라 확신한다. 청년이 꿈꾸고, 실패하고, 다시 일어설 수 있는 사회를 만드는 데 이 책이 귀한 길잡이가 되길 바란다.

〈국회의원 민병덕〉

『청년, 대한민국의 미래를 꿈꾸다.』은 한 청년이 현장에서 겪은 고민과 성장을 담아낸 기록입니다. 저자가 경기도당 청년위원회 대외협력국장으로 마주한 다양한 생각과 관찰을 통해 청년세대를 이해하는 데 필요한 시선들을 차분하게 엿볼 수 있습니다.

〈더불어민주당 경기도당위원장 김승원〉

『청년, 대한민국의 미래를 꿈꾸다.』은 변화의 시대 속에서 청년이 어떻게 세상을 바꾸는 주체가 될 수 있는지를 보여준다. 현실의 벽 앞에서도 멈추지 않고 도전하며, 실패를 성장의 언어로 바꾼 저자의 이야기는 지금을 사는 모든 청년에게 진심 어린 용기와 방향을 제시한다.

〈더불어민주당 전국청년위원장 국회의원 모경종〉

『청년, 대한민국의 미래를 꿈꾸다.』은 변화의 흐름 속에서 청년이 어떤 시선으로 세상을 바라보고, 어떻게 주체적으로 미래를 만들어갈 수 있는지를 진중하게 보여준다. 현실의 제약을 넘어 도전을 선택해온 저자의 여정은 많은 청년에게 스스로의 가능성을 확신하게 하는 용기를 전한다. 특히 현장에서의 생생한 경험을 바탕으로 청년 세대의 고민과 성장을 담아낸 목소리는 우리 사회가 나아가야 할 방향을 성찰하게 하는 귀중한 기록이다.

〈더불어민주당 경기도당 청년위원장 조은주〉

이 책은 청년의 시선으로 대한민국의 현재와 미래를 통찰하면서, 특히 국방과 안보 분야에서의 정책적 대안을 깊이 있게 제시한다. 단순한 개인의 경험담이 아니라, 군 조직의 리더십과 국가 안보의 원리를 사회적 언어로 풀어낸 점이 인상적이다. 현장에서 체득한 군인의 가치인 책임과 헌신이 국가 정책의 방향으로 연결되는 서술은 설득력 있고 현실적이다. 특히 청년이 안보를 두려움이 아닌 국가 공동체를 지키는 '시민의 책무'로 바라보는 시각은 매우 신선하다. 이 책은 국방정책과 청년정책의 교차점에서 새로운 비전을 제시하는 귀중한 기록으로 평가할 만하다.

〈육군3사관학교 총동문회장 박경종〉

이중민의 삶은 참 사람답다. 실수와 번뇌, 깨달음과 개선의 여정은 우리 모두의 삶과 닮아 있다. 더욱 사람답게 살고자 하는 그의 치열한 고민은 모든 청년의 고통과 꿈에 닿아 있다. "가장 이중민적인 것이 가장 청년적인 것이다." 그의 도전을 진심으로 응원한다.

〈다시 만드는 세계 대표 봉한나〉

남북 문제와 안보 문제는 대한민국 양극화 갈등의 핵심을 관통하지만, 논의 자체가 불가능한 주제가 되었습니다. 사람들은 외면하거나 공격적인 반응으로 울부짖을 뿐입니다. 저자는 이러한 문제들 앞에서 경청과 논의를 멈추지 않으며, 합리적이고 실용적인 관점으로 해법을 찾아 나섭니다. 국민, 특히 미래 사회를 짊어질 청년층에게 이 책을 강력히 추천합니다.

〈한반도청년미래포럼 창립자 박준규〉

차례

젊음의 이름으로
대한민국을 꿈꾸다

1.

안양 청년의 성장기

고향 안양의 모습과 학창 시절

나의 시작은 부모님의 신혼생활에서부터 시작한다. 아버지와 어머니는 충청도 분들이셨다. 1989년 안양 만안 석수1동에서 태어나 기아자동차 소하리 공장에 다니시는 아버지 밑에서 꽤 여유로운 어린시절을 보낸 것으로 기억한다. 나의 어린 시절은 현재는 석수동 석수 e편한세상 아파트로 바뀐 당시 주공아파트 505동 5층에 살았다.

1990년 대 어린 시절 기억하는 석수1동은 편안하고 재미있는 놀이터였다. 모래밭이었던 놀이터에선 언제나 아이들이 뛰어놀고 있었고, 아파트 뒤편 작은 밭에는 매년 가을마다 어김없이 잠자리가 찾아왔다. 아파트단지에 있는 상가 옥상은 비밀 아지트였고, 안양예술공원은 송사리를 잡고 굴다리 탐험을 할 수 있는 미지의 세계였다.

하지만 유년의 배경도 한 세대가 겪은 커다란 파도 앞에서는 달라졌다. 1997년, IMF 외환위기의 겨울 언저리— 초등학교 2학년이던 나는 따뜻한 그 아파트의 재건축과 IMF라는 국가적 변화로 이별했다. 이후 석수 2동으로 이사하여 석수시장, 만안교, 안양대교 등 작은 빌라에서 반지하까지 석수동에서 자주 이사하면서 학창 시절을 보내었다. 그 당시 반지하는 비가 많이 오면 싱크대에서 물이 역류해서 물을 퍼내는 일도 있을 정도였다.

이때 변화된 것은 우리 집 뿐만이 아니였다. 연탄불로 난방을 하던 아파트에서 보일러로 변화하는 과정을 어린 시절 직접 경험하였다. 또 교육과정의 변화로 인하여 삼성국민학교로 입학하였으나 1년 만에 삼성초등학교로 학교명칭이 바뀌었다. 연탄난로에서 라디에이터로, 나무 바닥에서 대리석 바닥으로 학교시설이 급변하였고, 처음 컴퓨터실이 생기며 처음 IT를 배우게 되었다.

급변하는 90년대가 지나 2000년대에는 안양서중학교로 진학했다. 중학교 1학년이던 2002년, 대한민국은 월드컵 4강의 기적을 만들었다. 거리응원의 붉은 물결과 밤하늘을 가르던 함성은, 나라가 하나의 박동으로 뛰는 장관이었다. 하지만 우리 집 사정은 그때가 가장 어려웠다. 아침마다 교통비가 부족해 학교까지 걸어갔다. 친구들의 생일파티가 피자와 케이크라면, 내 생일엔 친구 셋이 500원을 쪼개 학교 앞 문구점에서 과자를 사 먹었다. 축하 대신 장난 섞인 핀잔이 돌아오던 그날의 서늘함을, 오히려 선명하게 기억한다. 그 서늘함은 오래도록 내 어깨에 조용히 걸려 있었지만, 방향을 바꿔 나를 앞으로 밀어주기도 했다. '없는 것'의 감각은 때로 사람을 움츠리게 하지만, 나에겐 책임감과 절제를 가르쳤다. 내가

가 진 것을 헤아리는 습관, 작은 것에도 감사하는 태도, 그리고 언젠가 형편이 나아지면 반드시 누군가에게 되돌리겠다는 마음. 내가 나를 다잡을 때마다 출발점으로 돌아가 확인하던 다짐들이다.

양명고등학교로 올라가면서 상황은 조금씩 나아졌다. 그래도 나는 변함없이 가장 먼저 등교하는 학생이었다. 어두운 교문을 지나 어둑하고 조용하지만 그 고요한 학교의 새벽 풍경이 좋았다. 이과를 선택했고, 특히 화학이 재미있었다. 원자의 원리와 분자의 구조를 외우고 반응식을 풀다 보면, 세상이 만들어지는 원리와 구조에 대하여 알 수 있고 그 속에서 발생하는 규칙들을 알아가는 것이 재미있었다. 사회를 바라보는 시선도 조금씩 확장되었다. 어떤 체계도 변화 없이 지속될 수 없고, 변화에도 반드시 질서가 필요하다는 간단한 진리를, 교과서와 신문, 실험대와 서점 사이에서 배웠다. 다양한 사회적 과학 분야에 관심을 가지며 다양한 꿈과 미래를 상상하며 지냈던 것 같다. 그래서 고등학교 때까지의 꿈은 신소재 분야의 연구원 또는 핵분열 같은 과학분야의 진로를 꿈꾸었었다.

하지만 진학성적이라는 현실적인 벽으로 지방에 있는 대학의 전기과로 진학하였다. 떠날 때만 해도 생각은 단순했다. "졸업하면 안양으로 돌아가 취업하고, 평범하게 살자." 그러나 평범함은 내게 가장 어려운 목표였다. 과대표를 맡아 학과 일정을 챙기고 구성원들의 의견을 모으는 동안, 나는 '앞장서는 자리'의 무게와 보람을 동시에 배웠다. 성적도 꾸준히 유지했다. 그러던 어느 날, 지도 교수님이 내 앞에 새로운 길을 펼쳐 보이셨다. 육군 3사관학교. 낯설었지만 묘하게 익숙한 단어였다. 육군 소령으로 예편하신 6.25참전 용사셨던 할아버지와 부사관으로 근무중인 친형님의 영향도 있었던 것 같다. 육군 3사관학교로의 진학은 나의 인생에서 가장 큰 변환점이자 인생을 다시 설계하게 된 가장 중요한 선택이였다.

돌아보면, 내 성장의 맥락은 몇 개의 장면으로 요약된다. 첫째, 석수1동 주공아파트의 모래 놀이터와 상가 옥상의 자유와 상상력의 공간. 둘째, IMF 전후의 고난과 이사 행렬을 통한 안정과 불안정 사이에서 배우는 생존의 기술. 셋째, 국민학교에서 초등학교로, 연탄에서 라디에이터로, 나무 바닥에서 대리석으로, 그리고 '컴퓨터실'이라 는 이름의 미래 배움을 통한 변화를 두려워하지 않는 태도. 넷째, 2002년의 함성과, 문구점 앞 500원의 서늘함을 통한 개인과 사회, 기쁨과 결핍을 통해 좌절과 성장에 대한 갈망. 다섯째, 양명고의 성실함과 화학의 과학적 탐구를 통한 노력의 일상화와 지적 호기심. 여섯째, 3사관학교와 군의 시간으로 책임과 리더십의 내면화.

그 장면들은 각각 따로 존재하는 것이 아니라, 서로를 비추며 내 안에서 하나의 서사를 만든다.

나는 내가 특별하다고 생각하지 않는다. 다만, 내가 만난 보통의 순간들을 놓치지 않으려 노력했다. 골목의 바람, 다리 위의 그림자, 교실의 커서, 문구점 앞 500원, 새벽 교문, 분자구조, 작전명, 그리고 휴가길의 산등성이. 그 작은 조각들이 모여 오늘의 나를 만들었다. 그래서 내 자서전의 첫 장은 화려한 서사가 아니라, 한 동네와 한 시대의 변화 속에서 흔들리되 부러지지 않으려 애쓴 한 아이의 기록으로 시작되어야 한다고 믿는다.

안양은 내게 '출발점'이자 '기준점'이다. 도시가 바뀌고, 길이 넓어지고, 아파트의 이름이 달라져도, 내가 삶의 방향을 잃어버릴 때 돌아와서는 좌표는 늘 석수동의 어느 골목이다. 그 좌표에서 나는 다시 묻는다. "나는 무엇을 지키고, 누구와 함께, 어디로 갈 것인가." 유년의 놀이터가 가르쳐 준 호기심으로, IMF의 겨울이 알려준 생존력으로, 컴퓨터실의 커서가 예고한 미래감각으로, 문구점 앞의 서늘함이 남긴 절제로, 새벽 등교의 습관으로, 군이 다져준 책임으로—나는 그 질문에 답해왔다. 그리고 앞으로도 그렇게 답할 것이다.

대학에서 3사관학교로의 전환이 내 일대기의 눈에 띄는 갈림길이라면, 그 갈림길은 사실 오랜 시간 준비된 결과였다. 변화 속에서 질서를 찾는 습관, 공동체 안에서의 나를 우선 생각하는 태도, 어려움 앞에서 물러서지 않는 근력, 그리고 누군가의 신뢰에 부응하려는 의지. 모든 것은 석수동에서 시작되었다. 나는 그 사실을 잊지 않으려 한다. 내 이름 앞에 붙는 직함이 무엇이든, 내가 서 있는 무대가 어디든, 나의 서사는 결국 '석수1동의 아이'에서 출발한다. 모래 놀이터의 발자국이 지워져도, 굴다리의 메아리가 사라져도, 상가 옥상의 햇빛이 다른 건물 위로 흘러가도, 그곳에서 배운 세계의 촉감은 시간이 지나도 나의 근본이고 나를 만들어준 시간들이였다.

이 책을 통해서 고향에 대한 그리움을 잊고 삶을 위해 달려가는 분들에게 고향의 소중함을 다시 한번 생각하 고, 도전을 두려워하는 청년들 에겐 희망을, 정책에 대한 분야별 방향성을 제시하는 이야기를 공감할수 있는 책이 되길 희망한다.

군생활에 대한 철학과 방향, 국가에 대한 충성심

돌이켜보면 나의 20대는 철없는 대학교 생활과 전방에서 군 장교로써의 정치적 중립을 지키고 오롯이 국가에 충성하는 것이 올바른 생활이라고 생각하며 생활하였다. 나는 어려서부터 개인보단 조직과 단체의 발전을 우선했던 것으로 기억한다.

사관학교로의 편입은 그런 성향에 불을 붙였다. 3사관학교의 2년은 '나'라는 존재를 다시 조립하는 시간이었다. 매일 아침 체력단련으로 하루의 리듬을 세우고, 전공 수업에서 판단과 계산의 속도를 키웠으며, 군사학을 통해 다양한 전술과 교리 등 수업은 충성의 방향을 "정권"이 아닌 "헌법과 국민"으로 정렬시키는 나침반 역할을 했다. 반복되는 생활은 지루함이 아니라 내면에 골격을 세우는 공정이었다. 한 주를 거르면 금세 티가 나는 근력처럼, 하루라도 흐트러지면 전체가 흔들리는 정신의 근육을 이때 길렀다. '정치적 중립'은 나에게 침묵의 명분이 아니라, 공정과 절제의 기술이었다.

임관 후 나는 포병장교로 첫 발을 내디뎠다. 첫 임무는 초급 포병장교의 핵심인 대대급 작전 참모부터 시작하였다. 처음 아무것도 모르던 초임장교 때 많은 선배님들의 지도를 받으며 차곡차곡 대대급 운영에 대한 것들을 가장 가까이 배울수 있는 기회였다. 이후 지휘자로 보직이 변경되며 실제 병력들과 동고동락하면서 병사들의 고충과 미래를 함께 꿈꿀 수 있는 소중한 시간을 함께 하였다.

이때 만났던 소중한 인연들이 아직도 연결되어 함께 성장해가는 시간을 보내고 있는 친구들에게도 이 책을 계기로 고맙다는 이야기를 전하고 싶다.

대위 진급 후에는 최전방 사단에서 화력지원장교(FSO)를 맡아, 포병이 아닌 보병 연대에 파견되어 근무했다. 이 과정에서 예하 부대의 화력 대비 태세를 주도적으로 점검하고, GOP·GP 현장을 수시로 확인하며 우리나라 최전방 안보의 실제를 몸으로 익혔다. 이후 포병 지휘관으로 보직을 옮겨 리더십과 팔로워십을 균형 있게 발휘하고, 작전·정보 등 타 부서와의 유기적 협력과 정보 획득 과정을 통해 실무 역량을 한층 공고히 했다.

하지만 내가 군 생활하는 기간에 2014년은 다양한 사건, 사고가 많았다. 군 전체가 뼈아픈 사건들로 흔들리던 해였다. 선임들의 집단 가혹행위로 일병이 사망하는 참사가 있었고, 우리 부대에서도 군용차량을 절취해 탈영한 사건이 발생했다. 규정과 통제만으로는 안전과 인권, 사기를 지킬 수 없다는 것을 모두가 다시 배웠다. 당시 병영생활률이라는 제도를 만들어 병이 스스로 병영생활에 대한 규칙을 정하고 그 규칙을 간부와 병사가 함께 만들어 가는 노력도 추진했다. 그러나 한 가지가 더 필요했다.

그건 '진심'이었다. 사람은 규정으로 묶어두면 규정을 피하는 법부터 배운다. 진심으로 연결하면 규정을 지킬 이유를 먼저 묻는다. 그때부터 나는 "규정은 최소한, 신뢰는 최대한"이라는 균형을 지휘철학의 축으로 잡았다.

2015년엔 또 다른 큰 변화가 왔다. 병 급여가 의미 있게 올라가고 복지가 강화되었다. 변화 자체는 옳았지만, 문화는 다르게 출렁였다. 예전에는 부서별 작은 회식이나, 간부가 사비로 준비한 격려 PX 같은 사소한 이벤트가 병과 간부의 교류를 낳았다. 한 번 웃고, 한 번 더 돕는 분위기. 하지만 급여와 복지가 상승하면서 지휘체계는 오히려 '규정 중심 관리'로 수렴했다. 선의의 자율도, 자발적 협력도, "정 없고 온기 없는 깔끔함"으로 정리되는 느낌을 받았다. 때로는 지휘관이 지휘하는 사람이 아니라 '체계의 부속품'으로 변해가는 피로도 있었다. 나는 이 시기를 거치며 "통제의 총량이 늘어나면 책임의 총량 은 줄어든다"는 역설을 보았다.

군은 유사시 국가와 민족을 위해 자신의 목숨까지도 바치며 희생하는 조직이다. 이러한 숭고한 사명에서 가장 중요한 것은 국가의 번영과 발전보단 함께 고생하고 노력한 전우들과의 관계, 그리고 나의 가족에 대한 안전이 현실적으로 가장 중요한 요소이다.

따라서 단순 규율과 규범에 의한 통제가 아닌 진심으로 간부와 용사들 간의 교류와 믿음만이 군을 더욱 튼튼하게 만들 수 있다.

나는 군을 "마지막 학교"라고 생각하며 군 생활에 임했다. 군은 본인의 의지와 상관없이, 각기 다른 배경의 청년들이 24시간 같은 공간에서 같은 리듬으로 살아보는 유일한 공적 장이다. 공교육의 권위가 흔들리고, 청년들의 마음이 곳곳에서 지치는 시대에 OECD 국가 중 청년 자살율이 가장 높은 대한민국에서 군은 역설적으로 '공동체 교육'의 마지막 보루가 될 수 있다. 조직생활, 단결력, 성실성, 타인에 대한 공감, 그리고 책임. 교실에선 문장으로 배웠던 것들이 병영에선 생활로 배워진다. 그래서 용사들과 상담을 할때는 꼭 본인의 꿈과 비젼에 대한 상담을 병행하였다. 이러한 상담을 통해 "군대에서 배운 것을 사회 언어로 번역해 주자"는 생각에서였다. 마지막 학교의 졸업은 사회로의 진학이기 때문이다.

그럼에도 불구하고, 시대의 변화와 내 부족함은 여러번 내 가치관을 흔들었다. 어느 날, 한 선배의 권유로 나는 대학원에 진학해 경영정보(MIS)를 공부했다. 조직과 정보, 프로세스와 데이터의 상호작용을 배우며, 군에서 '경험'으로 쌓았던 운영의 지식이 사회에서 '체계'로 작동하는 방식을 이해했다. 수업이 끝나면 각자의 회사로 돌아가 다시 치열하게 조직을 움직이는 원우들을 보며, 군 밖에서의 헌신이 얼마나 다양한 얼굴을 하고 있는지도 배웠다. 그 과정에서 내 안에 무심히 놓여 있던 한 가지를 발견했다. 나는 군인의 정치적 중립을 '정치적 무관심'으로 오해하고 있었다. 특정 정당을 지지하지 않는 것과, 공적 현안에 대해 공부하지 않는 것은 다른 문제다. 중립은 지식과 윤리 위에 서야지, 무지와 방관 위에 설 수는 없다. 그 깨달음은 내 20대를 겸허하게 뒤돌아보게 했다.

군에서 익힌 보고의 정직성과 실행의 속도는 사회에서도 통했다. 무엇보다, 나는 여전히 '사람'을 먼저 보려 노력한다. 규정은 공동의 바닥, 신뢰는 공동의 천장. 바닥이 튼튼하면 넘어져도 크게 다치지 않고, 천장이 높으면 더 멀리 뛸 수 있다. 그 바닥과 천장을 만드는 재료는 언제나 사람 사이를 오가는 진심과 공정이다.

성장 배경은 '공동체 먼저'라는 나의 기본값을 만들었고, 사관학교는 그 기본값에 규칙과 근력을 붙였다. 참모와 지휘관의 시간은 그 규칙을 사람에 맞게 적용하는 훈련소였다. 2014년의 아픔과 2015년의 제도 변화는 '규정만으로는 공동체를 만들 수 없다'는 뼈아픈 교훈을 남겼고, 대학원에서의 배움은 중립과 참여, 경험과 체계를 잇는 다리를 놓았다. 이 모든 조각이 합쳐져 내 군 생활의 철학과 방향이 되었다.

20대 내내 군에서 배워온 "정치적 중립"을 이유로 정치적 이슈를 외면하고, 특정 진영에 기대지 않는다는 명분 아래 관심 자체를 끊어온 태도는 사실상 맹목적 방관이었다는 것을 깨닫게 되었다. 그 후로 중립을 '무지의 변명'이 아니라 '책임 있는 절제'로 다시 정의했다. 진영과 이념의 대립에 휩쓸리기보다, 헌법과 공익을 기준으로 사안을 공부하고, 다양한 관점을 경청하며, 필요할 때는 조심스럽지만 분명하게 의견을 표명하는 절제된 참여 그 것이 내가 지향할 정치적 태도라는 씨앗이 마음속에 심어졌다.

전역 후 사회생활

전역한 2018년, 내가 가장 먼저 한 일은 '앞으로의 나'를 진지하게 묻는 일이었다. 군이라는 단단한 체계에서 벗어나 홀로 서려면, 무엇을 지키고 어디로 갈지부터 정해야 했다.

전역 후 내가 처음 한 일은 혼자 일본으로 떠난 여행이었다.

2박 3일의 짧은 일정이었지만, 군에서 벗어나 처음으로 나 자신만의 속도로 움직인 시간이었다. 카페 한켠에서 마주한 책, 유시민의 『국가란 무엇인가』는 내게 또 하나의 교과서였다. "국가에 대한 충성은 정권이 아니라 헌법과 시민을 향해야 한다." 그 문장이 가슴 깊이 박혔다. 전투복 대신 평범한 셔츠를 입고 거리를 걷는 동안, 나는 군인이 아닌 '시민'으로서의 나를 배웠다.

귀국편 창밖으로 내려다보이던 한반도의 해안선은 그동안 내가 지켜온 '영토'이자 앞으로 내가 살아갈 '삶터'로 겹쳐 보였다. 그 순간, 충성의 좌표가 전장에서 일상으로 자연스럽게 이동했다.

귀국 후 나는 국제기구, ODA, 환경단체 등 공공영역의 커리어를 목표로 자료를 모으고 준비를 시작했다. 그런데 불과 한 달 만에 내 진로를 바꿔 놓는 전화가 걸려왔다. 10년 전 대학교에서 연을 맺은 은사님의 제안이었다. 조명설계 회사를 운영하시던 은사님은 업계 환경 변화 속에서 프랜차이즈 외식업이라는 새로운 사업을 준비 중이었고, 매장과 인력을 맡아 줄 '관리자'가 필요하다고 했다. 군에서의 조직 운영 경험을 높이 평가해 주셨지만, 나는 처음엔 정중히 사양했다. 이미 5월 호주 여행 일정도 잡혀 있었다. 다만 "초기 안정화까지만 5개월"이라는 부탁에, 은혜를 외면할 수 없었다. 그렇게 전역 후 첫 직 장은 아이러니하게도 조명설계 디자인 회사의 F&B 인사 팀장이었다.

우리가 도입한 브랜드는 미국에 본사를 둔 세계적 디저트 카페였다. 다만 한국 시장에 첫 진출하는 초기 단계라 메뉴 현지화, 레시피 정립, 교육체계 구축 등 '없던 것을 세우는' 일이 전부였다. 본사 슈퍼바이저와 머리를 맞대고 운영 매뉴얼을 현장 언어로 재정의하며, 부천의 첫 가맹점을 오픈했다. 3월 개점 이후 매출은 고무적이었고, 직원들도 성실했다. 그런데 5월, 이미 예약해 둔 10일의 호주 여행을 다녀오는 사이 매출이 반토막, 그 사이 다시 20%까지 급락했다. 긴급 프로모션, 상권 재분석, 동선 재설계, 온라인 채널 강화까지 해봤지만, 추세는 쉽게 꺾이지 않았다. 초기 스타트 효과가 빠진 자리에는 브랜드 인지도, 객단가, 재방문 설계 같은 구조적 과제가 남았다.

그때부터 나는 사실상 전천후 운영자가 되었다. 인사·회계를 넘어 정부지원사업 서류, 백화점 입점 매장 운영, 주말·연휴 없이 돌아가는 스케줄 관리, 심지어 신규 중식당 오픈까지 진행했다. 현장에 붙어있게 되면 시스템이 나를 집어삼킨다. 매출은 요동치고, 급여는 최저임금 수준이었다. 그래도 버텼다. 매뉴얼을 세우고, 사람을 지키고, 숫자를 읽는 훈련을 더했다. 하지만 시스템의 '구조적 적자'를 개인의 '헌신'으로 덮을 수는 없었다. 그래서 독립을 결심했다.

군 전역 퇴직금을 종잣돈으로 해외구매대행·물류 사업을 시작했다. 관련 온라인 강의, 국내 구매대행 협동조합 교육을 밟으며 판을 익혔다. 유럽·중국·미국에서 들여온 상품을 한국과 일본에 판매했다. 보통 구매대행은 의류나 소형 전자에 미무는 경우가 많지만, 실제로 문을 열고 보니 수요는 훨씬 넓고 거칠었다. 중국 공장의 대량 생산 문의, 터키·중동권의 벌크 구매, 단순 유통을 넘어 브랜딩 협업 제안까지. 가장 규모가 컸던 프로젝트는 미국산 캠핑카·트레일러의 국내 수입과 보트용 부속품 조달이었다. HS 코드, 통관·인증, 물류 파이프라인을 한 번에 설계해야 하는 난이도 높은 과업이었지만, 이러한 과정을 통해 새로운 사업의 확장과 세상을 배워 가는 즐거움으로 낮에는 한국에서의 사업을 밤에는 미국과 해외 바이어와의 소통을 하며 밤낮없는 시간을 보냈다.

이렇게 2년, 동시다발 프로젝트를 굴리며 매출과 배움을 동시에 키웠다. 2021년, 정치적 갈등으로 한일 관계가 악화되며 일본향 물류가 막혔다. '노재팬' 정서의 확산으로 결제망이 흔들리고, 주요 판매 채널이 닫혔다. 매출은 급락했다. 이때 느꼈다. "외부 요인은 언제든 나를 무너트릴 수 있다. 그러나 그 무너짐을 분석할 수 있다면, 그것은 더 이상 실패가 아니다."

그때 결심한 회사는 학생 논술 지도 온라인 플랫폼을 기획·개발하며, 국가 R&D 과제에 참여하는 회사였다. 학생들이 단계별 논술을 작성하면 교사가 매칭 코칭을 해주는 프로그램으로 서비스 구조를 설계했다. 하지만 대표와의 사업을 바라보는 시각이 다르다는 것을 느끼고 헤어지게 되었다.

이후 동시에 울릉도 크루즈·관광 개발 사업, 홈쇼핑 런칭, 해외 유통 투자 프로젝트 등 다양한 기획에 참여했다. 성공한 것도 있었고, 사기를 당해 손해를 본 일도 있었다. 그러나 그 과정에서 나는 군에서 가져온 세 가지 감각-정직성, 실행의 속도, 리스크-을 선제 관리하는 능력으로 더욱 성장 할 수 있는 기회를 만들어갔다.

이 모든 경험 끝에 나는 '사람'과 '공동체'를 중심에 둔 일을 선택했다.

첫 번째는 한반도프레스(KPP)라는 대북·군사 전문 인터넷 언론사의 창간이었다. 분단 이후 70년이 지나도록 북한을 객관적으로 다루는 언론은 드물었다. 나는 군에서 배운 '정치적 중립'을 사실 중심의 절제된 참여로 재해석하고 싶었다. 팩트와 맥락, 그리고 검증을 기반으로, 소리 없는 구호가 아닌 진짜 평화의 언어를 전하고자 했다.

두 번째는 전국 초·중·고 IT서비스 협동조합 이사로 활동하게 된 일이다. 전국 학교 현장에 디지털 하드웨어 및 기자재를 유지보수하는 업체들이 모인 중소기업 협동조합에서 디지털·AI 학습·수준별 학습 서비스와 느린학습자, 다문화 교육 등 다양한 학교 관련 기업들과 선생님들을 만나면서 우리나라 교육의 현실과 어려움을 직접 경험하고 전국 지역별 교육의 격차, 공교육의 문제, 디지털 교육 전환에서 정부와 학교 현장의 갈등 등 다양한 교육에 대하여 생각하고 배울 수 있었다.

세 번째는 경기청년LAB. 경기도의 청년들이 사회적 목소리를 낼 수 있도록 만든 비영리 네트워크다. 청년의 삶과 정책, 그리고 실험. 나는 이 조직을 통해 '현실 속 청년정치'의 가능성을 보았다. 청년들이 자신의 문제를 스스로 논의하고 제안할 수 있는 공간, 그것이 내가 꿈꾸는 사회의 출발점이었다.

돌아보면 군은 나를 '질서의 인간'으로 만들었고, 사회는 나를 '창조의 인간'으로 단련시켰다. 질서 없는 창조는 혼란이 되고, 창조 없는 질서는 정체가 된다. 나는 이 두 세계의 균형을 배웠다.

사업의 실패는 나를 현실에 닫히게 하지 않았다. 오히려 세상에 대한 이해를 깊게 했다. "실패는 시스템을 읽는 수업" 이었다. 군에서 배운 책임감, 사회에서 배운 유연함, 그리고 그 둘을 잇는 진심이 오늘의 나를 만들었다. 결국 실패는 끝이 아닌 경험이였고, 새로운 시작의 힘을 줄 수 있는 나의 원동력이 되었다.

정치적 입문 단계

정치는 나에게 어느 날, 아주 평범하게 찾아왔다. 군에서 전역하고 사회에 적응하며 사업을 이어가던 시기였다. 그날도 여느 때처럼 바쁜 하루를 보내고 귀가하던 길, 집 앞 골목에 걸린 한 현수막이 눈에 들어왔다. "청년 정치 아카데미 모집." 그 한 문장은 이상하게 오래 마음에 남았다. 호기심이었다. 그러나 단순한 호기심 이상이었다. '정치'라는 단어가 내 삶과 무관하지 않다는 생각이 처음으로 스쳤다. 군에서 국가에 대한 충성을 배웠고, 사회에서 생존의 질서를 익혔으며, 공동체 속에서 책임의 무게를 느껴왔던 나였다. 그런데 그 모든 가치들이 제도와 정책으로 연결되는 세계가 바로 '정치'라는 사실을 나는 그때까지 모르고 있었다.

그날 나는 망설임 없이 신청서를 냈다. 그리고 인생에서 처음으로 '지역사무실'이라는 곳에 들어섰다. 생각해보면, 그곳이 더불어민주당 지역위원회였다는 사실조차 처음엔 몰랐다. 낯선 분위기, 긴장된 공기, 그리고 나를 제외한 모든 사람들의 익숙한 표정.

그곳은 나에게 너무 생소한 곳이었고, 만나는 사람들은 나를 제외한 모두 당원들이였으며, 아카데미에서 들은 강의들도 꽤 새로운 이야기들이었다. 나는 그날 처음으로 '정치라는 현장'의 공기를 마셨다.

이것이 내가 경험한 첫 더불어민주당과의 시작이었다. 나는 그동안 군에서 충성했고, 사회에서 생존했고, 공동체 속에서 책임을 배웠다. 하지만 정치는 그 모든 가치 들이 '제도'와 '정치'로 연결되는 과정이라는 걸 이제서야 깨달았다. 정치란 거대한 담론이 아니라, 결국 사람을 움직이는 시스템이라는 사실을 몸으로 느끼기 시작한 것이다.

그리고 약 6개월 후 제8회 지방선거가 이루어졌고, 당시 아카데미에서 만난 사람들이 어느새 지방의원이 되어있었다. 이 또한 꽤 신기하고 새로운 경험이였다. 정치의 문외한이였던 내가 아는 정치인이 생기게 된 것이다.

그렇게 조금씩 정치에 대해 관심을 갖게 되었고, 지역에서 모임이 있을 때면 최대한 참여하려고 하였다. 처음에는 단순히 새로운 사람을 만나는 것이 즐거웠다. 하지만 시간이 지날수록 나는 점점 지역의 언어, 사람들의 목소리, 공동체의 문제의식을 배워갔다.

그리고 나는 지역 국회의원이신 강득구 의원님을 알게 되었다. 강득구 의원은 2002년 제5대 경기도의원으로 정치에 입문하여, 이후 교육위원장과 경기도의회 부의장 등을 거치며 경기도 교육과 지방자치 발전에 헌신해왔다. 그리고 약 20년의 지방 정치 경험을 바탕으로 제21대 국회의원으로 당선되어 중앙 정치 무대에 올라섰다.

그는 단순히 의정 활동에 그치지 않고, 늘 현장의 목소리를 직접 듣는 '발바닥 정치'를 실천하는 인물이다. 지역 곳곳의 어려움을 몸소 찾아가 경청하고, 문제를 함께 해결해 나가는 과정 속에서 나는 '정치란 무엇을 하는가' 보다 '어떻게 하는가'가 더 중요하다는 것을 배웠다. 강득구 의원은 늘 "시대정신을 읽는 눈이 정치의 시작" 이라고 말씀하신다. 그는 변화하는 시대의 흐름을 민감하게 감지하고, 그 속에서 국민이 바라는 가치를 실천하는 '생활 정치인'의 모습을 보여주셨다. 그의 겸손한 태도, 현장 중심의 행보, 그리고 진심 어린 경청은 내가 생각하는 정치인의 이상적인 모델이 되었다.

나는 강득구 의원을 통해 배웠다. 정치는 권력이 아니라 사람을 위한 봉사이며, 시대의 아픔을 함께 짊어지는 책임의 자리라는 것을. 그의 정치 철학과 실천은 내게 '좋은 정치란 무엇인가'를 끊임없이 되묻게 하는 나침반이 되고 있다.

그래서 더욱 지역 지역 선배님들과의 식사 자리, 지방선거 이후 이루어진 총선 승리를 함께 하기 위한 시간들, 함께 하는 여행 등 함께하며 새로운 사람들도 많이 만나게 되면서 나의 역량도 함께 성장할 수 있는 계기가 되었다.

이 과정에서 전국 각지에서 정치에 참여하는 정치 선배들과도 연결되었다. 서로의 경험을 나누고, 각자의 도시 에서 겪는 문제를 이야기와 수도권과 지방의 차이, 각 지역의 문화적 다양성을 이야기하며, 그만큼 많은 정보와 경험을 배울수 있는 소중한 인연을 만들 수 있었다.

그리고 청년 정책 발표대회를 통해 정책을 연구하고 미래를 만들어가는 것에 참여할수 있다는 것을 배우고, 함께 할 수 있는 동료들을 만나 토론하는 것이 너무 행복하고 즐겁다는 것을 알게 되었다.

누군가의 어려움을 제도로 바꾸고, 한 사람의 이야기를 정책으로 확장하는 일. 그것이 내가 꿈꾸는 정치의 형태였다. 이때 만난 동료들과의 토론은 내 인생의 방향을 바꿔놓았다.

그래서 시작한 단체가 '경기청년LAB'이다. '경기청년 LAB'은 경기도 곳곳의 청년들이 모여 각자의 삶과 고민을 나누는 청년정책 연구 플랫폼이다. 정책을 전공한 전문가가 아닌, 현실의 문제를 직접 겪는 청년들이 모여 "우리가 바꾸고 싶은 세상은 무엇인가"를 편하게 이야기 할 수 있는 실험실 같은 공간이다.

나는 이 단체를 통해 내가 겪었던 그 행복감을 더 많은 청년들이 느끼게 해주고 싶었다.

정책연구를 하며 나는 사회의 구조를 더 깊이 이해하게 되었다. 뉴스 속에서만 보던 정책이 실제 현장에서 어떻게 작동하는지, 법과 제도가 어떤 사람들을 살리고 또 누군가를 소외시키는지 깨달았다.

정치는 더 이상 멀리 있는 언어가 아니라, 삶의 매뉴얼이었다. 청년이 사회를 바꿀 수 있다는 가능성을 나는 매번 현장에서 확인했다. 그리고 그 모든 경험을 통해 정치는 단순히 일부 정치인이나 기득권이 하는 것이 아닌 '국민 스스로가 만드는 것'이라는 확신을 갖게 되었다.

그곳은 완성된 답이 있는 곳이 아니라, 수많은 질문이 공존하는 현장이다. 그 질문에 성실히 답하려는 사람들이 모일 때, 비로소 세상은 조금씩 변한다. 나는 청년의 시선으로 세상을 보고, 정책의 언어로 변화를 기록하며, 사람들의 이야기로 정치를 만들어가고 싶다. 정치는 결국 사람의 일이다. 그리고 나는 지금, 그 사람들의 곁에서 배우며 성장하고 있다.

다시 시작하는 안양

나는 스무 살이 되던 해, 대학 진학과 함께 안양을 떠났다. 처음으로 부모님의 품을 벗어나 낯선 도시로 향했다. 처음엔 설렘이 컸지만, 타지의 생활은 생각보다 외로웠다. 기숙사 방의 조용한 밤, 좁은 창문 너머로 보이던 도시의 불빛은 낯선 자유와 막연한 책임감을 동시에 느끼게 했다. 이후 군 생활을 시작하면서 전국의 여러 지역을 옮겨 다녔다. 낯선 곳에서 사람을 만나고, 조직을 배우고, 세상을 경험했다. 그 과정에서 늘 마음 한켠에 남아 있던 단어는 하나였다. "안양." 나에게 안양은 단순한 출생지가 아니었다. 삶의 출발점이자, 내가 누구인지 잊지 않게 하는 기준이었다.

서른 살이 되던 해, 나는 오랜만에 안양으로 돌아왔다. 부모님이 여전히 계신 그 집, 오랜 시간 동안 나를 기다려준 고향의 거리들은 여전히 따뜻하고, 또 새로웠다. 그 때의 나는 실패와 도전 사이에 서 있었다. 사업이 무너지고, 새로운 길을 찾아야 했던 시기였다. 안양은 나에게 위로를 주었다. 다시 시작할 용기를 주는 도시였다. 그러나 현실은 늘 나를 바쁘게 만들었다. 수원으로 취업하면서 출퇴근의 무게가 커졌고, 이후 남양주와 서울로 거주지를 옮기며 다시 고향을 떠나야 했다.

2025년 3월, 나는 결혼을 결심했다. 그리고 그때 단 한 가지 소망이 있었다. "신혼집은 반드시 안양이어야 한다." 아내는 서울의 편의성을 이야기했고, 직장은 여전히 다른 도시에 있었다. 하지만 결국 가족을 설득했고, 드디어 신혼집을 안양에 마련했다. 그 순간 나는 단순히 집으로 돌아온 것이 아니라, 삶의 중심으로 다시 돌아왔다. 오랜 시간 떨어져 있던 고향의 공기, 익숙한 골목의 냄새, 그리고 사람들의 표정이 나를 반겼다. 그때 느꼈다. "내가 돌아올 자리는 언제나 이곳이었다."

안양으로 돌아온 나는 가장 먼저 지역사회와 다시 연결되기로 했다. 그래서 가장 먼저 한 일은 석수1동 야간자율방범대에 가입하는 것이었다. 내가 지키던 '국가의 안보'가 이제는 '동네의 평화'로 이어지고 있음을 느낀다. 군 시절의 사명감이 지역의 봉사정신으로 자연스럽게 연결된 순간이었다.

나는 여전히 청년들의 목소리를 믿는다. 그래서 안양으로 돌아온 이후, 그동안 이어오던 '경기청년 LAB'의 경험 을 바탕으로 새로운 지역 조직을 만들기로 했다. 그 이름은 '안양시청년연합'이다.

청년 동아리나 단체는 대개 큰 포부와 명확한 필요성 속에서 만들어진다. 그러나 청년의 삶의 특성상, 취업이나 결혼 등 개인적 이유로 활동이 중단되는 경우가 많고, 정보의 부족, 인력의 부재, 재원 확보의 한계 등 현실적인 문제로 인해 활동이 지속되지 못하고 사라지는 사례도 적지 않다. 물론 내가 재원을 직접 지원할 수는 없지만, 각 단체 간의 정보 유통과 활동 교류를 활성화함으로써 서로의 경험과 자원을 나눌 수 있다면 보다 지속적이고 안정적인 안양시 청년 단체의 활동 기반을 만들 수 있을 것이라 기대했다. 이 플랫폼은 청년들이 지역에서 활동하며 서로를 응원하고, 사회 문제에 대해 자유롭게 이야기할 수 있는 연결의 장(場)이다. 서로의 경험이 공유되고, 서로의 노력이 이어질 때 비로소 지역 청년 공동체는 끊어지지 않는 연대의 힘을 갖게 된다.

청년에게 전하는 메시지

안양에서 태어나 골목길을 뛰어다니던 철없던 아이가 대학 진학을 고민하던 청소년이 되고, 군복무를 통해 나라에 충성하고자 했던 청년이 되었으며, 사회에서 버티고, 부딪히며 살아남기 위해 발버둥 치던 청년이 이제 어느 덧 30대 중후반의 나이에 서 있다.

돌아보면, 나는 정해진 길 위에서 안정을 택하기보다 늘 새로운 도전과 모험을 선택하며 살아왔다. 그 과정에서 나의 성장뿐 아니라, 사회와 공동체의 발전을 위해 함께 고민하고 움직여 왔다. 그래서 오늘 이 글을 읽는 이 시대의 청년들에게 감히 몇 가지 이야기를 전하고 싶다.

우리가 살아가는 지금은 AI의 시대다.

과거의 사회는 '입력-처리-출력'이라는 구조 속에서 '처리 과정'을 잘하기 위해 지식과 경험을 쌓아야 했다. 공부를 열심히 해서 좋은 회사에 들어가고, 정해진 목표를 달성하는 것이 성공의 기준이었다.

그러나 이제 그 '처리 과정'의 대부분은 인공지능이 대신한다. AI가 정보를 분석하고, 효율적인 답을 제시한다. 사회는 점점 경량화되고, 간소화되고, 개인화되는 방향으로 나아가고 있다. 이제 청년에게 필요한 것은 단순한 '처리 능력'이 아니다. 어떤 결과가 필요한가, 그리고 그 결과를 만들기 위해 어떤 질문을 던져야 하는가를 깊이 고민할 수 있는 능력이다.

AI는 답을 줄 수 있지만, 사회의 질서에 대한 철학과 삶의 기준은 오롯이 인간만이 던질 수 있다. 따라서 앞으로의 시대는 기술보다 가치가, 속도보다 방향이, 지식보다 사람다운 통찰이 중요해질 것이다.

이제는 '어떻게 나답게 살 것인가'를 넘어 '어떻게 함께 나아갈 것인가'를 고민해야 한다. AI와 기술이 발전할수록, 우리는 점점 더 공동체의 의미를 잃기 쉽다. 하지만 결국 사람을 위로하고 움직이는 것은 데이터가 아니라 사람의 마음이다. '나'만을 위한 성취가 아니라 '우리'를 위한 성장으로 시선을 넓혀야 한다. 내가 행복하기 위해 서는 함께 살아가는 사람들도 행복해야 한다는 단순한 진리를 이 시대의 청년들이 잊지 않았으면 한다. 공동체 속에서 나의 역할을 찾고, 서로의 가능성을 연결해 나가는 삶이야말로 진짜 '사람다운 삶'이다.

청춘의 가장 큰 적은 실패가 아니다. 실패를 두려워하는 마음이다. 나는 인생의 여러 장면에서 수없이 실패했다. 사업이 무너졌고, 길을 잃었고, 때로는 사람에게 상처받았다. 그러나 그때마다 배웠다. 실패는 나를 단단하게 만드는 과정이라는 것을. 돈으로 사는 경험이 아니라, 현장 에서 직접 부딪치며 얻은 경험만이 진짜 나를 성장시킨다. 넘어지고, 다시 일어서며, 그 과정에서 '나만의 길'이 만들어진다. 청년들이여, 두려워하지 마라.

완벽한 길은 없다.
정해진 길을 걷는 대신, 당신만의 길을 만들어가라.
그 길이 곧 당신의 이야기가 되고, 누군가에게는 희망이 될 것이다.

새로운 세대를 향한 변화의 에너지는 언제나 청년의 질문에서 시작된다. 지금은 결과보다 과정을, 정답보다 방향을, 완벽함보다 끊임없는 도전을 존중해야 할 때다.

실패를 두려워 하지 말고 새로운 것에 도전하기 바란다.

2.
미래를 향한 대한민국

정치

사람들은 종종 정책을 연구하고 논의한다고 하면 이렇게 묻는다.

"너 어느정당 지지자야?", "정치 이야기 하지마"

"너 00파야?"

이 질문들은 한국 사회에서 '정책'과 '정치'가 얼마나 혼동되어 있는지를 보여준다. 그래서 이번 장에서는 두 개념의 차이를 명확히 정의하고, 나아가 우리가 정책을 바라보는 올바른 시각에 대해 이야기해 보고자 한다.

사전적으로 정책(政策)은 정부나 공공기관, 또는 민간단체가 당면한 문제를 해결하기 위해 세운 행동 계획과 방침을 뜻한다. 쉽게 말해, 정책은 사회문제를 해결하기 위한 공공의 수단과 방법이다. 정책은 특정 개인이나 계층의 이익을 위한 것이 아니라, 국가 공동체의 구성원 모두에게 영향을 미치는 '공공의 선택'이다. 따라서 정책은 어느 한쪽의 목소리가 아니라 대한민국의 모든 국민이 함께 논의해야 할 공통의 삶의 문제 해결 과정이다. 이것이 우리가 정책에 관심을 가져야 하는 이유다.

정치(政治)는 나라를 다스리는 일, 즉 국가의 권력을 획득하고 유지하며 행사하는 모든 활동을 말한다. 국가가 존속하기 위해 사회의 질서를 바로 세우고 국민의 의사를 제도적으로 반영하는 과정이 바로 정치다. 대한민국은 법치주의 국가다. 우리는 헌법과 법률에 따라 국민의 대표인 국회의원과 지방의원을 선출한다. 그들이 국민의 위임을 받아 법과 제도를 만들고 사회 질서를 유지하는 역할을 맡는다. 즉, 정치는 국가의 방향을 결정하고, 정책은 그 방향을 구체적으로 실행하는 수단이라 할 수 있다.

따라서 정책은 결국 정치인을 통해 만들어지고 실행된다. 공무원, 국회의원, 지방의원 등 국민의 권한을 위임받은 사람들이 입법과 예산을 통해 정책을 결정한다. 그렇기 때문에 정책 과정에는 항상 다양한 이해관계와 갈등이 얽힌다. 어떤 정책이 누구에게 이익이 되고, 누구에게 부담이 되는가에 따라 정책의 해석과 방향은 달라질 수 있다.

이러한 이해관계와 상관관계 때문에 정책을 이야기 할 때 정치라는 편견을 갖게 된다. 하지만 정책이란 특정 정당에서 정한 것이 아닌 합의에 의하여 공익적인 목적으로 사회적 문제를 해결하기 위한 산출물이다.

정치는 국가의 큰 틀을 세우는 '방향의 기술'이라면, 정책은 그 방향을 구체화하는 '실행의 기술'이다. 좋은 정치는 비전과 철학을 제시하고, 좋은 정책은 그 비전을 현실로 만드는 힘이다. 정치가 없으면 방향을 잃고, 정책이 없으면 실행이 없다. 둘 중 어느 하나만으로는 국가가 온전히 작동할 수 없다.

따라서 건전한 토론 문화를 바탕으로 하는 정치를 통하여 올바른 정책을 수립하고 투명하게 실행되기 위하여 시민사회에서부터 공론장이 활성화되어야 하며 다양한 시민의 목소리로 정책이 만들어지도록 되어야 한다.

정치인의 역할 - 국민을 대변하는 진정한 일꾼이란

대한민국의 선거 제도는 크게 대통령을 선출하는 대선, 국회의원을 선출하는 총선, 그리고 지방의원 및 자치단체장을 선출하는 지방선거로 이루어져 있다. 이 세 가지 선거는 각각 다른 시기와 주기로 치러지며, 국민의 의사를 반영해 행정·입법·지방자치를 담당할 대표를 선출하는 민주주의의 근간이라 할 수 있다.

대한민국 선거의 역사와 주기를 먼저 살펴보면, 먼저 대통령선거(대선)는 현행 헌법상 대통령 임기 5년에 따라 한 번씩 실시된다. 1981년 제12대 대선까지는 헌법개정과 정치적 불안정으로 인해 불규칙하게 치러졌지만, 제12대 이후부터 제18대(2012년)까지는 12월에 꾸준히 진행되었다. 그러나 박근혜 대통령 탄핵으로 인해 제19대 대선은 2017년 5월에 치러졌고, 이후 제20대 대선은 3월, 제21대 대선은 윤석열 대통령 탄핵에 따른 보궐선거로 6월에 실시되었다. 다음 제22대 대통령선거는 2030년 3월 예정, 임기는 같은 해 6월 3일부터 시작될 예정이다.

국회의원 총선거(총선)는 1948년 5월 10일 제헌총선을 시작으로, 1985년 제12대 총선부터는 4년 주기로 4월에 안정적으로 실시되고 있다. 가장 최근 제22대 총선은 2024년 4월 10일에 치러졌으며, 제23대 총선은

2028년 4월 12일로 예정되어 있다. 세 가지 선거 중 가장 안정된 주기를 보이는 제도라 할 수 있다.

지방선거는 1960년 지방선거 이후 31년 만인 1991년 기초의원 선거로 부활했다. 이후 1995년 제1회 전국동시지방선거를 통해 기초·광역의원과 기초·광역단체장을 동시에 선출하는 체계가 자리잡았다. 현재는 2026년 제9회 지방선거를 1년 앞두고 있다.

모든 선거를 동시에 치르지 않고 시기를 달리하는 이유는 국정의 안정성과 권력의 균형을 유지하기 위해서다.

만약 모든 선거가 한날에 진행된다면 권력이 한쪽으로 과도하게 집중되어 견제 기능이 약화될 수 있다. 따라서 시기를 나누어 선거를 치름으로써, 행정부·입법부·지방정부가 서로 다른 시점에서 평가받고 견제하는 구조를 유지하는 것이다.

결국, 국민이 선출한 권력이라 하더라도 각 직책마다의 역할은 다르며, 서로의 견제를 통해 국가의 지속적 발전과 균형을 이루어야 한다는 점이 중요하다. 선거로 선출되는 각 직책의 역할과 책임에 대해 정의를 정립해 보고자 한다.

첫째, 대통령은 국가의 비전과 통합의 상징이자 국가의 행정부 수반으로서 대한민국을 대표하는 인물이다. 따라서 국내외의 불안정한 정세 속에서도 국가의 비전과 안정성을 확보하고, 세계시장 경쟁력을 높일 수 있는 전략적 리더십이 요구된다. 대통령이 선출되는 과정에서는 특정 정당의 영향을 피하기 어렵지만, 일단 당선된 이후에는 정당의 대표가 아니라 '대한민국의 대표'로서 국민 전체를 아우르는 통합의 리더십을 보여야 한다.

둘째, 국회의원은 국가의 방향을 설계하는 입법자이다. 국회의원은 행정부가 올바른 방향으로 나아가도록 감시하고, 국익 중심의 입법 활동을 통해 국가의 틀을 세우는 역할을 맡는다. 이를 위해 국내뿐 아니라 국제 정세와 외교 역량을 이해해야 하며, 각 상임위원회별로 선제적이고 현실적인 정책 대안을 제시할 수 있는 전문성이 필요하다. 그러나 현실에서는 일부 의원들이 지역 이슈나 정쟁에 매몰되어 정치 혐오를 조장하는 모습을 보이기도 한다. 이는 국회의 본질적 기능을 훼손하는 행위로, 국민의 대표가 아니라 국가 발전을 저해하는 정치적 이익집단으로 전락할 위험이 있다.

마지막으로 지방자치단체장 및 지방의원으로 주민과 가장 가까운 행정리더의 역할을 수행하여야 한다. 지방자치단체장(시장·도지사 등)과 지방의원(광역·기초의원)은 국민 생활과 가장 밀접한 정책을 집행하는 실질적 행정 리더이다. 단체장은 지역의 발전 전략을 설계하고, 지역 현안을 즉각적으로 해결해야 한다. 지방의원은 이러한 단체장을 보좌하며, 조례 제정·민원 수렴·예산 감시 등을 통해 지역의 문제를 실질적으로 해 결하는 역할을 한다. 또한 타 지역의 성공사례를 분석하고 정부 정책을 지역 실정에 맞게 도입할 수 있는 정책 응용력과 정보 수집 능력도 필수적이다.

국민의 선택을 받은 정치인은 정해진 일하는 공무원이나 이윤을 창출해야되는 기업인이 아니다. 국가와 지방자치에서 균형과 국민의 중심의 비전을 만들고 국익중심의 발전을 위해 헌신하는 직업이다. 하지만 지금 상황은 자신의 책무와 비전을 정의하지 못한 채 그저 지역의 표를 받고,

재선을 위해 인기몰이를 하고 있는 경우가 많다.

결국 대통령을 제외한 대부분의 정치인은 지역 유권자들의 직접선거로 선출된다. 그래서 지역 민원에 집중하는 경향이 있지만, 정치의 본질은 단순한 '민원 해결사'가 아니다.

지역 단체장과 의원은 지역 발전에 집중하되, 국회의원은 국가적 비전과 미래 전략을 중심에 두어야 한다. 간단한 지역 민원은 기초의원·기초자치장이, 예산 편성과 지역 발전은 광역의원·광역단체장이, 중·장기적 국가 발전과 정책 설계는 국회의원이 담당해야 한다. 이렇게 각자의 역할이 명확히 수행될 때 비로소 지역 중심의 표심 정치가 아닌, 국익 중심의 미래 정치가 가능해질 것이다.

정치인은 국민의 위임을 받은 대리자이자 일꾼이다. 정치의 본질은 권력이 아니라 책임이며, 자리를 차지하는 것이 아니라 국민을 대신해 일하는 것이다.

정치가 정쟁과 사리사욕을 벗어나 각자의 역할에 충실할 때, 대한민국의 민주주의는 더욱 단단해지고 국민의 신뢰는 다시 돌아올 것이다.

12.3 내란과 윤석열 전 대통령 파면으로 바라본 민주주의

2025년 4월 4일 오전 11시 22분, 헌법재판소는 재판관 8명 전원의 일치된 의견으로 대통령 윤석열을 파면했다. 헌법재판소의 이 결정은 헌정

질서를 수호하기 위한 국민의 마지막 방어선이 작동한 순간이었다. 윤석열 전 대통령은 2022년 5월 10일 제20대 대통령으로 취임한 지 3년도 채 되지 않은 1,060일 만에 임기를 마감했다.

특히 2024년 12월 3일 선포된 불법 계엄령, 이른바 '12.3 계엄 사태' 이후 122일 만에 내려진 결정이었다. 탄핵소추안이 국회를 통과한 뒤 변론 종결까지 38일, 그리고 최종 결정까지의 시간은 노무현 전 대통령의 14일, 박근혜 전 대통령의 11일에 비해 현저히 길었다는 비판도 존재한다. 그러나 그만큼 이번 사태는 복합적이고, 헌정사적으로 심대한 의미를 지닌 사건이었다.

윤석열 정부의 임기 내내 국정은 불안정했다. 일각에서는 국정 운영에 대해 불투명성, 권력기관의 독주, 비선 논란 등이 제기되었다고 비판하기도 한다. 이러한 비판은 국정의 안정성과 소통의 필요성을 강조하는 목소리로 이어졌다.

2024년 4월 제22대 총선은 그 결과에 대한 국민의 명확한 심판이었다. 여당은 108석, 야당은 192석을 차지하며 압도적 여소야대 국면이 형성되었다. 그러나 대통령은 국회의 민의를 존중하기보다, 입법부와의 협치를 거부하고 일방적 국정 운영을 지속해 정부의 소통 방식이 부족하다는 비판이 나오며, '입틀막'이라는 표현이 언론과 정치권 일부 언급되기도 했다. 국민의 경고가 '변화의 신호'가 아닌 '반발의 대상'이 되어버린 것이다.

윤석열 정부는 취임 초기부터 '글로벌 중추국가'를 표방하며 외교를 강조했지만, 그 결과는 실망스러웠다. 예비비까지 투입해 총력을 기울인 부산엑스포 유치전은 실패로 끝났고, 한미일 공조를 내세웠던 외교 노선은 불신 속에 지소미아 파기와 동맹 균열로 귀결되었다. 미국으로부터는 민감국가 지정이라는 불명예까지 받으며, 대한민국 외교는 신뢰를 잃고 국제사회에서의 입지가 흔들렸다. 국내 정책에서도 혼란은 이어졌다.

의대 정원 2,000명 증원, 개식용 금지법(일명 '김건희법'), R&D 예산 삭감, 5세 초등학교 입학 추진 등 핵심 정책들이 충분한 사회적 합의 없이 일방적으로 추진되었다.

정책은 일관성을 잃었고, 국정은 방향을 상실했다.

결국 윤석열 정부는 불통과 독선, 권위와 오만이 정체성이라 평가받을 수 있는 근거가 될 것이다.

2024년 12월 3일, 정부는 전국 단위의 비상계엄 선포를 강행했다. 이는 헌법과 계엄법이 정한 요건을 충족하지 않은 상태에서 이루어진 조치로, 다수의 헌법학자들과 법조계에서는 헌정 질서 전복을 시도한 것으로 규정하였다. 일부 전문가들은 사실상 대통령 권력 유지 목적의 쿠데타적 조치였다고 평가하고 있다. 민주주의가 얼마나 쉽게 무너질 수 있는지를 보여준 비극적 사례로 남았다. 그러나 이번에는 국민이 달랐다. 깨어 있는 시민과 언론, 그리고 야당의 신속한 대응이 사태의 확산을 막았다. 군 내부에서도 헌정 질서를 지키려는 움직임이 있었고, 결국 대한민국은 또 한 번의 군사독재로 회귀하는 길목에서 스스로를 지켜냈다.

대통령은 행정부의 수반이자 국군통수권자로, 그의 결정은 곧 국가의 운명과 직결된다. 따라서 대통령은 개인의 권력보다 국민의 신뢰를 우선해야 하며, 정치적 이해관계를 넘어선 국익 중심의 인사와 통합의 리더십을 보여야 한다. 그러나 윤석열 전 대통령은 개인적 충성심과 정치적 보은 인사라고 평가한다. 능력과 도덕성보다는 '측근과 친분' 이 인사의 기준이라 생각하고, 일각에선 공직 사회는 신뢰를 잃었다고 말한다. 대통령의 권력은 국민이 위임한 것이지만, 그 권력을 사유화하는 순간 국가는 곧 독재의 길로 빠져든다.

헌법재판소의 이번 파면 결정은 단순히 한 대통령의 퇴진이 아니라, 헌법과 법치주의의 근본적 가치를 수호한 역사적 순간이라 평가할 것이다.

재판관 전원이 만장일치로 내린 결정은 "헌법 위에 군림하는 권력은 존재할 수 없다"는 국민적 합의를 재확인한 것이다. 헌재는 결정문에서 "대통령은 헌법질서를 수호할 책무를 저버리고, 헌법상 권한을 남용하여 국민의 기본권을 침해하였다"고 명시했다. 이는 헌법 제1조, "대한민국은 민주공화국이며, 모든 권력은 국민으로부터 나온다"는 국가의 근본 명제를 다시 한 번 상기시킨 선언이었다.

윤석열 전 대통령은 대한민국 헌정사에서 두 번째 탄핵 대통령으로 기록되었다. 이 사건은 보수와 진보, 여야의 대립을 넘어, 모든 국민이 되새겨야 할 헌정의 경고이자 민주주의의 자화상이다.

민주주의는 제도 그 자체로 완성되지 않는다. 그것은 국민의 지속적인 감시와 참여, 그리고 권력에 대한 견제가 있을 때 유지된다. 대통령의 탄핵은 한 사람의 몰락이 아니라, 국민이 주권자로서 헌정을 바로 세운 결과이자, 대한민국 민주주의가 여전히 살아 있음을 증명한 사건이다. 우리는 이번 사태를 단순한 정치적 사건으로만 남겨서는 안 된다.

이것은 전국민적 성찰의 계기, 그리고 다시는 되풀이되어서는 안 될 헌정의 교훈이다. 역사는 반복된다. 그러나 국민이 깨어 있는 한, 그 반복은 비극이 아니라 교훈이 될 것이다.

12.3 비상계엄, 내란인가? 국민자위권인가?

12.3 비상계엄에 관하여 내란 행위인지 아닌지에 대하여 다양한 의견들이 충돌되고 있는 상황이다. 내란이 아니라고 주장하는 쪽은 아직 법적인 결과가 나오지 않았기 때문이라는 주장이다. 이에 헌법과 대한민국의 권력구조를 통하여 내란여부를 살펴보고, 비상계엄 선포에 대한 실체적, 절차적 요건을 통해 알아보고자 한다.

먼저 권력구조를 통해 알아보기 위해서는 내란에 관한 헌법은 헌법 제87조(내란)과 제91조(국헌문란의 정의)를 살펴 보아야 한다.

헌법 제87조(내란) 대한민국 영토의 전부 또는 일부에서 국가권력을 배제하거나 국헌을 문란하게 할 목적으로 폭동을 일으킨 자는 다음 각 호의 구분에 따라 처벌한다.

1. 우두머리는 사형, 무기징역 또는 무기금고에 처한다.
2. 모의에 참여하거나 지휘하거나 그 밖의 중요한 임무에 종사한 자는 사형, 무기 또는 5년 이상의 징역이나 금고에 처한다. 살상, 파괴 또는 약탈 행위를 실행한 자도 같다.

3. 부화수행(附和隨行)하거나 단순 폭동에만 관여한 자는 5년 이하의 징역이나 금고에 처한다.

제91조(국헌문란의 정의) 본장에서 국헌을 문란할 목적이라 함은 다음 각호의 1에 해당함을 말한다.

1. 헌법 또는 법률에 정한 절차에 의하지 아니하고 헌법 또는 법률의 기능을 소멸시키는 것
2. 헌법에 의하여 설치된 국가기관을 강압에 의하여 전복 또는 그 권능행사를 불가능하게 하는 것

위 2개 조항을 통하여 이번 사태가 형법상 내란죄에 해당되는 것인지 알수 있다.

헌법 제87조에서 명시하는 국헌을 문란하게 할 목적으로 폭동을 일으킨 자를 보았을 때 국헌문란이란 제91조에서 정의하듯 헌법 또는 법률의 기능을 소멸시키기 위한 행위와 헌법에 의하여 설치된 국가기관을 강압에 의하여 전복 또는 권능행사를 불가능하게 한것에 해당 되는지 살펴보아야 한다.

이번 12.3 비상계엄의 포고령을 보면 '포고령 제1호 1. 국회와 지방의회, 정당의 활동과 정치적 결사, 집회, 시위 등 일체의 정치 행동을 금한다.'라고 되어 있는 부분과 실제 국회를 봉쇄하고 선거관리위원회에 군 병력을 투입한것은 헌법 제91조 2. 헌법에 의하여 설치된 국가 기관을 강압에 의하여 전복 또는 그 권능행사를 불가능하게 하는 것에 부합하는

국헌문란 행위라고 볼 수밖에 없다.

특히 국회의원을 체포·구금 하려고 한 사실은 헌법 제44조 ①국회의원은 현행법인인 경우를 제외하고는 회기 중 국회의 동의없이 체포 또는 구금되지 아니한다. 계엄법 제13조(국회의원의 불체포특권) 계엄 시행 중 국회의원은 현행범인인 경우를 제외하고는 체포 또는 구금되지 아니한다. 라는 헌법과 계엄법에 의하여 국회의원을 체포 또는 구금 할 수 없으나 헌법재판소 심의와 수사 과정에서 국회의원을 끌어내라는 등 체포 지시가 있었던 것이 밝혀진 것은 명백한 헌법과 계엄법 위반이다.

즉, 국회와 선거관리위원회에 군을 파견하고 국회의원을 체포하려고 한 행위 모두 헌법91조가 정의하는 국헌문란이라고 판단된다. 따라서 이번 12.3 비상계엄은 헌법 제87조에서 정의하는 내란의 기준을 적용할 때, 군통수권을 이용해 헌정 질서를 실질적으로 변경하려 한 점은 내란 혐의 적용 가능성을 뒷받침하는 핵심 근거로 지적된다. 실제로 여러 전·현직 검사와 판사는 "내란 구성요건에 상당 부분 부합한다"는 의견을 내고 있다.

우리나라 헌법상 민주주의와 통치구조를 살펴보면 권력 분립을 통하여 입법/사법/행정 분류에 따라 국가권력을 분리, 배분하고 있다. 즉, 헌법 제40조에 의거 입법권은 국회에 제66조 제4항 행정권은 대통령을 수반으로 하는 정부에 제101조 제1항, 제111조 제1항 사법권은 법원과 헌법재판소에 각각 귀속으로 하고 있어, 모든 권력은 한곳에 집중하는 것이 아니라 서로 견제하도록 하고 있다. 또 정부는 대통령의 직접 권한을 견제하기 위하여 대통령, 국무총리, 국무위원으로 구성되어 대통령이 시행하는 내용을 국무회의를 거쳐 심의하도록 함으로써 권력행사의 견제와 균형을 갖추고 있다.

정부의 형태는 의원내각제와 대통령제 중 우리나라는 대통령제를 시행 함으로써 대통령과 국회의원 선출을 별도로 진행하고, 각각 국민의 선택을 받은 선출직으로써 독립성의 원칙을 통해 의회와 대통령이 견제와 균형을 갖출수 있도록 하고 있다.

다만, 이러한 대통령제의 단점은 부여된 선거를 통해 국민의 대리인을 선발한 것이 아닌 국민의 대표를 선발한 것임으로 선출된 대표가 국민의 뜻과 다른 결정을 하더라도 임기동안은 그 대표의 선택에 따라야 된다는 것이다.

대의제의 원리에 따라 국민은 기관구성권을 갖고 있으며, 국회는 이에 정책결정권을 가지게 된다.

이번 12.3 비상계엄은 이러한 권력분립과 민주주의 체제를 망가트리고 독제와 폭거를 야기한 중대한 범죄 내란 행위라 볼 수 있다.

대통령 측에서는 비상계엄을 통한 계몽령이라는 주장과 아무일이 발생하지 않았다고 주장하고 있으나, 국민들이 나서지 않았다면, 일부 군인들이 올바른 판단을 하지 않았다면, 국회의원들이 조금만 늦게 도착되거나 체포되었더라면... (생략 예정_이러한 모든 것들이 대통령의 계획대로 이루어져서 이번 계엄이 성공하였더라면) 결과적으로 국회와 사법부·언론·시민사회 등의 견제에 의해 계엄 체제가 완전히 굳어지기 이전에 제동이 걸렸다. 만약 견제가 없었다면, 헌정 체제가 장기간 정지될 가능성이 있고 지금과 전혀 다른 대한민국이 되어 있었을 것이다.

또한 이번 계엄을 통하여 어떻게하면 합법적으로, 군사적으로, 정치적으로 성공적인 계엄을 할 수 있는 것을 경험적으로 배웠을 것이라고 생각된다.

다음은 비상계엄 선포행위의 위헌성에 대하여 "실체적", "절차적" 요건으로 나누어 알아보겠다. 실체적 요건은 내용적인 요건으로서 상황, 목적이 요건에 부합하는지 확인해보는 것이다. 비상계엄에 관하여 명시하고 있는 대한민국헌법은 제77조와 계엄법을 볼수 있다.

헌법 제77조 ① 대통령은 전시·사변 또는 이에 준하는 국가비상사태에 있어서 병력으로써 군사상의 필요에 응하거나 공동의 안녕질서를 유지할 필요가 있을 때에는 법률이 정하는 바에 의하여 계엄을 선포할 수 있다. ② 계엄은 비상계엄과 경비계엄으로 한다. ③ 비상계엄이 선포된 때에는 법률이 정하는 바에 의하여 영장제도, 언론·출판·집회·결사의 자유, 정부나 법원의 권한에 관하여 특별한 조치를 할 수 있다.

계엄법 제2조(계엄의 종류와 선포 등) ②비상계엄은 대통령이 전시·사변 또는 이에 준하는 국가비상사태시 적과 교전(交戰) 상태에 있거나 사회질서가 극도로 교란(攪亂)되어 행정 및 사법(司法) 기능의 수행이 현저히 곤란한 경우에 군사상 필요에 따르거나 공공의 안녕질서를 유지하기 위하여 선포한다.

이 헌법 제77조의 조항을 통해 비상계엄을 선포 할 수 있으며, 권한에 관하여 명시하고 있다. 그렇다면 이번 12.3 비상계엄이 헌법 제77조와 계엄법 제2조를 따르고 있는 것인가를 살펴보자.

헌법 제77조 ①대통령은 전시·사변 또는 이에 준하는 국가비상사태에 있어서 병력으로써 군사상의 필요 이 부분을 보면 전쟁이 발발하였거나, 무력의 폭동이 발생하였거나, 이에 준하는 병력 즉, 국방력을 투입하면서까지 해결해야 하는 중대한 국가비상사태가 발생하여야 한다.

계엄법 제2조는 헌법보다 좀더 구체적으로 ② 국가비상 사태 시 적과 교전(交戰) 상태에 있거나 사회질서가 극도로 교란(攪亂)되어 행정 및 사법(司法) 기능의 수행이 현저히 곤란한 경우라고 명시하여 무력적인 사회질서가 마비되고 행정 및 사법 기능이 곤란한 경우라고 계엄 발령의 기준을 명시하고 있다.

하지만 12.3 비상계엄 당일에는 평소와 같은 편안하고 안정적인 하루였다. 다음으로 절차적 요건은 계엄선포의 과정에서 그 절차가 합법적인지 확인 해보겠다.

헌법 제77조 ④계엄을 선포한 때에는 대통령은 지체없이 국회에 통고하여야 한다. ⑤국회가 재적인원 과반수의 찬성으로 계엄의 해제를 요구한 때에는 대통령은 이를 해제하여야 한다.

제82조 대통령의 국법상 행위는 문서로써 하며, 이 문서에는 국무총리와 관계 국무위원이 부서한다. 군사에 관한 것도 또한 같다.

제89조 다음 사항은 국무회의의 심의를 거쳐야한다. 5. 대통령의 긴급

명령·긴급재정경제처분 및 명령 또는 계엄과 그 해제

헌법 제77조 ④'계엄을 선포한 때에는 대통령은 지체없이 국회에 통고하여야 한다.'를 보면 지체없이 국회에 통고 하여야 한다고 되어 있다. 즉, 계엄 선포시 즉각 국회에 통고하여야 하는데 이는 언론을 통한 방송이 아닌 공식적인 절차에 의하여 문서적 통고를 하여야 한다. 국가의 문서는 전자관보에 공고하도록 되어 있으나, 어디에서도 계엄 관련 통고문을 찾을수 없다.

제82조 대통령의 국법상 행위는 문서로써 하며, 이 문서에는 국무총리와 관계 국무위원이 부서한다. 이 부분에서도 그날 진행한 회의록이 문서로 진행되었어야 하며, 국무총리와 관계 국무위원 즉, 모든 국무위원의 서명이 있어야 하지만 회의록 뿐 아니라 계엄에 관한 서명문이 남아 있지 않은 것은 계엄 선포의 중대한 절차적 요건을 위반하고 있다.

이러한 내용들을 종합하여 이번 대통령 탄핵심판의 쟁점을 정리 해보면 다음과 같다.

쟁점1. 비상계엄 선포 행위의 위헌·위법성

쟁점2. 계엄사령관을 통하여 계엄사령부 포고령 제1호를 발표하게 한 행위

쟁점3. 군대와 경찰을 동원하여 국회를 봉쇄·진입함으로 써 계엄해제 요구권을 포함한 국회의 활동을 방해한 행위

쟁점4. 군대를 동원하여 영장 없이 중앙선거관리위원회 등을 압수수색한 행위

쟁점5. 정치인·법조인 체포 지시 행위

위 5가지의 사항을 헌법재판소에서 핵심 쟁점으로 보고있으며, 위 사항들에 대한 위법의 중대성을 고려 탄핵 심판을 하게 된다.

여기서 말하는 위법의 중대성의 기준은 과거 박근혜 탄핵 결정문을 통하여 명시하고 있는데, (헌재 2004.5.14. 2004 헌나1)의 결정문의 일부를 보면 탄핵심판절차가 궁극적으로 헌법의 수호에 기여하는 절차라는 관점에서 보면, 파면결정을 통하여 선상된 헌법질서를 회복하는 것이 요청될 정도로 대통령의 법 위배 행위가 헌법 수호의 관점에서 중대한 의미를 가지는 경우 또, 대통령에게 부여한 국민의 신임을 임기 중 박탈하여야 할 정도로 대통령이 법 위배행위를 통하여 국민의 신임을 배반한 경우라고 되어 있다.

즉, 대통령이 헌법을 위배하여 헌법 수호의 가치를 훼손하였으며, 국민들에게 위임받은 권한을 법 위배 행위를 통하여 국민의 신임을 배반한 경우 라고 정의 한다.

따라서 이번 탄핵심판의 쟁점에서 쟁점1 ~ 5 사항 중 앞서 살펴본 것과 같이 헌법과 계엄법을 토대로 실체적, 절차적 요건이 모두 위반된 불법 계엄이라는 것이 구성요건에 상당 부분 부합할 수 있는 내용이었다.

따라서 이번 계엄을 통한 국가 내란을 발생시킨 주범과 중요 종사자에 대하여 자비없는 철저한 수사와 강력한 처벌을 통하여 절대 다시는 대한민국의 계엄 및 폭동, 내란이 발생하지 않도록 판결되길 바란다.

안전하고 먹고살기 좋은 나라, 살고 싶은 나라, 잘사는 나라, 희망이 있는 대한민국을 꿈꾼다.

극단의 시대에 민주주의가 나아가야 되는 길

우리나라는 광복 이후 공산주의가 아닌 민주주의를 헌법의 기본 질서로 선택했다. 그러나 광복 80주년을 맞이했음에도, 5·16 쿠데타, 5·18 광주민주화운동, 12·3 불법 계엄 등으로 상징되는 굴곡을 겪으며 우리 사회의 민주주의는 아직 완성에 이르지 못했다. 그렇다면 민주주의의 완성과 안정은 무엇이며, 언제 가능할까라는 원초적 질문이 남는다.

민주주의란 무엇이며, 과연 무엇이 민주주의를 막고자 하는가?

민주주의는 권력 형태의 기술적 이름이 아니라 우리의 상식적 삶의 방식이다. 집단의 구성원들이 토론과 협력을 통해 최선의 해법을 찾아가는 과정, 곧 '국민(民主)이 주인(主義)이 되어 공동체를 꾸리는 방식'이 민주주의다.

하지만 전 세계적으로 안정적 민주주의를 유지하는 일은 극단주의나 독재보다 훨씬 어렵고 복잡하다. 독재와 극단주의는 수직적 명령 체계에 기대어 단순함과 즉각성을 갖지만, 민주주의는 숙의(熟議)와 합의 형성을 필요로 한다. 구성원 모두가 공익을 고민하고, 공론의 장에서 의견을 조율하며, 상대를 설득해야 한다. 그만큼 피로도도 높다.

그럼 민주주의로 나아가기 위해선 어떠한 자세를 갖추어야 되는가? 하버드대 정치학자 스티븐 레비츠키(Steven Levitsky)는 민주주의의 작동을 위해 다음 세 가지를 강조한다.

첫째, 상호 관용의 자세가 필요하다. 민주주의의 토론 문화는 서로를 동등하고 합법적인 경쟁자로 인정하는 데서 출발한다. 상대의 존재 자체를 부정하지 않는 태도, 다름을 견딜 수 있는 태도가 기본이다.

둘째, 제도적 자제가 필요하다. 언제나 동등한 권력·지위에서 토론이 이뤄지지 않기에, 룰을 넘어선 '합법의 남용'을 스스로 절제하는 스포츠맨십이 필요하다. 법·제도 의 허용 범위를 끝까지 밀어붙이는 대신, 규범과 관례를 존중하는 절제다

셋째, 합법적 강경책(전투적 민주주의)의 도입이 필요하다. 토론 자체를 파괴하거나 민주 질서를 전복하려는 시도 앞에서는 규정과 절차에 따른 엄정 대응이 필요하다. 설득이 불가능한 민주주의 파괴적 행위에 대해서는 법치에 근거한 강경 대응이 민주주의를 지키는 길이다.

민주주의를 지탱하기 위해서는 다음과 같은 주체들이 정치, 언론, 법률, 기업, 종교, 학계 등 지식 생태계 전반이 공론의 장을 지속적으로 열고, 상대 존중의 토론 문화를 확산해야 한다. 지식인은 특정 정당·집단의 이해를 대변하는 대리인이 아니라, 진실을 추구하는 공적 행위자여야 한다.

특히 국민으로부터 권한을 위임받은 정치의 책임이 크다. 그 중에서도 국회는 법률을 제정하고 사회 질서의 규칙을 만드는 기관인 만큼, 행정부와는 다른 방식으로 사회 통합의 의무를 진지하게 수행해야 한다.

예를 들어, 의대 정원 증원 논란에서 보았듯, 숙의와 토론이 충분히 보장되지 못한 채 강압적·권위적 방식이 앞서면 사회적 비용이 기하급수적으로 커진다.

또한 현 정부는 불법적인 비상계엄으로 헌정 질서가 무너진 상태에서 출범한 민주주의 회복에 대한 막중한 책임을 갖고 있는 정부다. 따라서 헌정질서 복원과 사회통합이라는 과제가 달성되기 위해서는 야당을 동등한 대화 파트너로 존중하며, 공론의 장을 복원해야 한다. 이러한 헌정질서 복원과 사회통합이 중요한건 민주주의 회복이 곧 국민의 안정과 행복이기 때문이라는 것을 문형배 전 헌법소장 권한대행은 강조한다.

레비츠키는 민주주의를 지키는 구체 경로로 다음을 제시한다. 첫 번째는 국가의 권력 강화다. 국가의 권력은 국민으로부터 나오며, 높은 신뢰와 지지를 받는 정부일수록 민주주의의 정당성이 견고해진다. 두 번째는 정당의 게이트 키핑이다. 정당 또는 집단 내 극단주의 성향을 고립 · 차단하는 자정 기능을 가져야 한다. 마지막 방법은 시민사회의 결집이다. 우리는 12.3 불법 계엄을 시민의 힘으로 극복한 전례가 있다. 깨어 있는 시민의 평화적 연대와 참여는 민주주의의 최후의 보루다. 위기 때마다 질서 있는 결집은 민주주의를 복원하는 실질적 힘이 된 다.

민주주의는 주권자인 국민이 만든 규범과 사회적 합의를 존중하고, 그 틀 안에서 합법성과 절차적 정당성을 바탕으로 이성적·논리적 결정을 내려가는 체제다. 이러한 문화가 사회 전반의 상식으로 확산될수록, 우리는 민주주의의 완성에 더 가까워질 것이다. 중요한 것은 견디는 토론, 절제하는 권력, 깨어 있는 시민이다.

극단적인 정치 편향의 원인과 해결 방안

요즘 우리 사회는 점점 극단으로 치닫고 있다. 극우와 극좌, 보수와 진보라는 이념의 틀 속에서 서로를 향한 비난과 혐오가 일상처럼 이어지고 있다. 정치는 국민의 삶을 위해 존재해야 하지만, 언제부턴가 정당의 논리와 진영의 이익이 그 자리를 대신 차지하고 있다. 극우와 극좌 같은 극단적이고 편향된 정치 성향은 정치의 본질인 정책과 국가 발전보다는 특정 정당이나 인물의 주장만을 맹목적으로 따르는 형태로 나타난다.

이들은 자신이 지지하지 않는 의견은 무조건 반대하고, 때로는 상대를 악마화하며 혐오의 대상을 만들어 낸다. 그렇다면 왜 이런 편향이 생길까? 정치는 본래 다양한 가치와 이해관계를 조율하는 과정이다. 그럼에도 불구하고 특정 진영만 옳다고 믿게되는 이유는 결국 인간의 본성의 두려움, 소속감, 그리고 이해 관계에 있다. 사전적으로 보수주의는 "급격한 변화를 반대하고 전통을 존중하며, 점진적 개혁을 지향하는 사고방식"을 뜻한다. 반면 진보주의는 "기존의 정치·사회 체계를 혁신적으로 개혁하려는 태도"로 정의된다.

두 사상은 서로 대립되는 듯 보이지만, 사실 한 사회의 건강한 균형을 이루는 두 축이다. 보수는 변화 속에서도 사회의 질서를 지키는 힘이고,

진보는 정체된 질서를 깨뜨려 미래로 나아가게 하는 힘이다. 따라서 한쪽만 존재하는 사회는 필연적으로 부패하거나 정체된다. 보수와 진보는 서로를 부정해야 할 대상이 아니라, 서로를 견제하며 함께 성장해야 할 관계다. 그러나 오늘의 정치 현실에서 우리는 종종 '비판 없는 지지'와 '이유 없는 적대'를 본다. 일부 사람들은 자신이 지지하는 정당이나 인물이 분명한 잘못을 저질러도 그것을 옹호하거나 정당화한다. 그 이유는 크게 두 가지로 나눌 수 있다.

첫째, 개인이나 집단의 실리 추구 때문이다. 정치적 연대를 통해 물질적·사회적 이익을 얻는 경우, 그 이익을 잃지 않기 위해 잘못조차 감싸게 된다.

둘째, 기존의 삶과 노력을 지키려는 심리 때문이다. 오랫동안 믿어온 가치가 부정당하거나 배신당했다고 느끼는 것은 어떤 사람에게는 존재의 위협으로 다가온다.

그래서 때로는 진실보다 '믿음의 지속'이 더 중요해지고, 객관적 판단이 아닌 '정서적 충성심'이 행동을 지배한다. 이 두 가지 이유는 결국 정치를 이성의 영역에서 감정의 영역으로 끌어내린다. 그 결과, 정치적 토론은 사라지고 남는 것은 분열과 혐오뿐이다.

극단을 줄이는 방법은 거창하지 않다.

다른 생각을 가진 사람과 대화하고, 다른 환경을 경험해 보는 것에서 시작된다. 20대 초반 대학 시절에는 다양한 사람들과 교류하며 새로운 가치를 접하기 쉽다. 그러나 사회생활을 시작하면 비슷한 직장, 비슷한 연봉, 비슷한 생활권 속에서 사고가 점점 닫히기 쉽다. 그래서 더욱 의식적인 노력이 필요하다. 자신이 속한 집단을 벗어나 다른 세대, 다른 계층,

다른 지역의 사람들과 대화할 때 비로소 우리는 '다른 시각의 정상성'을 이해하게 된다.

편향은 '정보의 부족'이 아니라 '다른 세계를 모르는 상태'에서 자란다. 따라서 끊임없이 타인과 교류하고, 새로운 시각을 받아들이려는 자세가 극단을 완화하는 유일한 해답이다.

정치의 본질은 대립이 아니라 조율과 균형이다. 보수와 진보, 좌와 우가 서로를 부정하는 사회는 결국 모두를 불행하게 만든다. 상식이란 거창한 단어가 아니다. 그것은 서로의 말을 듣고, 다른 생각 속에서도 공통의 해답을 찾으려는 태도다. 정치가 상식 위에 설 때, 국민은 더 이상 분열의 희생양이 되지 않는다.

정치인의 시대정신[1]

정치인은 국민을 대표해 공공의 이익을 실현하고 국가의 미래를 설계하는 중대한 책무를 맡고 있다. 그렇기에 정치인에게 요구되는 덕목은 매우 다양하다. 행정 능력의 전문성, 개인적 인성과 도덕성, 청렴성, 책임감, 소통 능력, 공감 능력, 포용성, 그리고 비전과 미래지향성 등은 정치인이 반드시 갖추어야 할 기본적인 요소들이다. 국민은 이러한 자질을 기준으로 정치인을 평가하고, 그들이 국가 정책을 결정하고 행정부를 감시하며, 지역 주민들의 삶을 대변할 수 있는가를 판단한다.

그러나 이 모든 덕목 중에서도 가장 중요한 것은 '시대 정신을 읽을 수

1 본 글은 안양 만안 국회의원 강득구 어록을 바탕으로 작성되었습니다.

있는 능력'이라고 생각한다. 시대정신이란 특정한 시대가 요구하는 가치와 비전을 의미한다. 한 정치인이 아무리 뛰어난 전문성과 청렴성을 갖추었다 하더라도, 현재 국민이 원하는 요구와 흐름을 읽지 못한다면 국민의 신뢰를 얻기 어렵다. 시대정신을 읽는다는 것은 단순히 유행이나 대중의 의견에 휘둘린다는 것이 아니라, 시대의 변화와 국민의 목소리를 정확히 이해하고 이를 바탕으로 올바른 미래에 대한 비전을 제시하고 그 비전에 맞는 정책을 제시할 수 있는 능력을 뜻한다.

정치인의 가장 큰 소명은 국민의 삶을 보다 행복하게 만드는 것이다. 이를 위해 정치인은 국가 자원을 공정하고 효율적으로 배분할 수 있는 정무적 판단력을 가져야 한다. 또한 단순히 보여주기식 행정이 아닌, 전문적이고 실질적인 행정 능력을 통해 국민에게 실질적인 혜택을 제공해야 한다. 이러한 과정에서 중요한 것은 국민과의 신뢰이다. 정치인은 말로만 약속하는 사람이 아니라, 실제로 결과를 만들어내고 국민이 체감할 수 있는 변화를 이끌어내야 한다.

그렇다면 정치인의 정치적·행정적 판단 기준은 무엇인가? 바로 '시대정신'이다. 시대정신은 현재 사회가 직면한 문제와 미래가 요구하는 방향을 모두 포함한다. 예를 들어, 오늘날의 시대정신은 기후위기 대응, 사회적 불평등 해소, 청년과 미래세대의 기회 확대, 기술 혁신과 AI 시대의 준비 등이 될 수 있다. 정치인이 이러한 시대적 과제를 외면하거나 과거의 관습에만 머문다면 국민의 지지를 받을 수 없다.

시대정신을 읽는 능력은 곧 정치인의 리더십과 비전으로 이어진다. 이는 국민이 정치인을 선택하는 핵심 기준이 된다. 결국 국민은 정치인의 언행을 통해 그가 현재 시대가 요구하는 가치를 얼마나 정확히 이해하고 실천하려 노력하는지를 본다. 정치인은 시대정신을 올바르게 해석 하고, 이를 구체적인 정책과 실행력으로 연결할 수 있어야 한다. 이것이 진정한 정치인의 덕목이며, 국민이 정치 인에게 기대하는 가장 본질적인 역할이다.

좋은 정치인이란 무엇인가 - 정치인을 판별 하는 세 가지 기준

정치인은 국민을 위해 일하도록 국민이 직접 선출한 공인(公人)이다. 그들은 국민의 세금으로 급여를 받고, 국민의 신뢰로 권한을 부여받는다. 따라서 정치인은 개인의 이익이 아니라 공익의 실현을 위해 존재해야 한다. 하지만 우리는 때때로 묻는다. "좋은 정치인이란 과연 어떤 사람일까?" 단순히 호감이 가는 사람, 혹은 언론에 자주 비치는 사람을 선택하는 것으로는 충분하지 않다. 정치인을 선택한다는 것은 곧, 내 삶의 중요한 결정을 대신해줄 사람을 고르는 일이기 때문이다. 나는 정치인을 평가하는 기준을 다음 세 가지로 정리하고자 한다. 정치력(政治力), 행정력(行政力), 인성(人性) 이 세 가지가 균형을 이룰 때, 비로소 '좋은 정치인'이라 부를 수 있다.

첫째, 정치력이란 국민으로부터 위임받은 권한을 바탕으로, 공동의 자원을 올바르게 배분하는 능력이다. 법을 만들고 제도를 정비하며, 예산을 집행하는 모든 정치적 행위의 목적은 결국 국민의 삶을 더 나은 방향으로 이끄는 데 있어야 한다. 따라서 정치력을 판단할 때, 우리는 이렇게 물어야 한다.

"이 정치인은 국민을 위한 자원 분배를 제대로 할 수 있는가?"

국민의 세금과 국가의 자원을 사익이 아닌 공익을 위해 사용할 줄 아는 사람, 권한을 권력으로 쓰지 않고 책임으로 삼는 사람, 그가 바로 진정한 정치력 있는 정치인이다.

둘째, 행정력이란, 좋은 정책을 실제로 실행 할 수 있는 능력이다. 정치인이 아무리 훌륭한 공약과 비전을 제시해도 그것이 실행되지 않는다면 아무 의미가 없다. 그래서 정책의 완성은 아이디어가 아니라 실행력에서 나온다. 행정력은 단순한 관리 능력이 아니다.

부처 간의 협의를 통해 자원을 확보하는 협상력, 문제가 발생했을 때 신속하게 대응하는 결단력, 그리고 현장의 목소리를 듣고 조정하는 현실 감각이 모두 포함된다.

정치의 언어는 거창하지만, 국민이 체감하는 변화는 언제나 '행정력'에서 비롯된다. 좋은 정치인은 말을 잘하는 사람이 아니라, 실행을 통해 신뢰를 쌓는 사람이다.

마지막인 인성은 말과 행동이 일치하는 언행일치의 행동이다. 우리는 정치인의 마음속을 직접 들여다볼 수 없다. 그래서 그 사람이 어떤 말을 하고, 어떤 행동을 하는지를 통해 그의 인성(人性)을 판단하게 된다. "말과 행동이 일치하는가?" "선한 척하지만 결국 자신의 이익만을 챙기고 있지는 않은가?" "어떤 상황에서도 일관된 태도와 기준을 유지하는가?"

이 질문들에 대한 답이 바로 그 사람의 인성이다. 진정한 인성은 평온

한 시기보다 위기 속에서 드러난다. 어려운 순간에도 신념과 원칙을 지키는 정치인, 그가 국민의 신뢰를 얻는 정치인이다.

선거철이 다가오면 수많은 뉴스와 공방이 쏟아진다. 하지만 그중 많은 부분은 한쪽의 시각에 치우치거나, 감정적인 네거티브에 머무르곤 한다. 그래서 유권자인 우리는 한 걸음 물러서야 한다. 정치인의 흠을 찾기보다, 그 흠을 넘어 그의 진심과 능력을 보려는 태도가 필요하다. 비판은 중요하지만, 그것이 단순한 감정적 공격으로 흐르면 결국 우리의 판단 기준을 흐리게 만든다. 정치인을 고른다는 것은 '내가 신뢰할 수 있는 사람을 선택한다'는 뜻이다.

정치인은 국가와 지역의 발전 방향을 결정한다. 그리고 그 방향은 결국 국민의 삶의 질을 결정한다. 그렇기에 정치인을 선택하는 일은 단순한 투표 행위가 아니라 내 삶의 기준을 세우는 일이다. 그러므로 우리는 이렇게 자문을 통해 진영논리가 아닌 균형 잡힌 시선을 유지해야 한다.

시대를 관통한 국민주권 시대의 개척자, 김대중 정신

김대중은 초대 민주주의 대통령으로 광복 이후 50년 만인 1998년 제15대 대통령으로 당선되었다.

김대중 대통령은 1924년 전라남도 신안 출신 소작농의 아들로 태어나 일제의 수탈을 직접 목도하였다. 이후 고등학교 때 강제 징집을 피해 목포상업학교를 졸업 후 바로 일본 소유 회사에 취업하였으며, 사업 수완이

좋아 청년사업가로 회사대표를 맡아 승승장구했다.

그러나 6.25전쟁과 부산정치파동을 겪으며 정치인의 길을 걷기 시작하였다. 하지만 북한의 탄압과 이승만의 무능하고 부패함에 맞서기로 결심하여 정치여정은 순탄하지 않았다. 두 번의 낙선과 1961년 세 번째 도전한 보궐선거에 당선 되었으나 당선 3일만에 5.16 군사쿠테타에 의해 국회가 해산되어 국회의사당에 발도 못 디뎌본 채 의원직을 박탈당했다.

1963년 제6대 국회의원 선거에 당선된 후 유망한 정치인으로 주목받기 시작하여, 장기집권을 노리는 박정희 정권이 가장 두려워하는 야당 정치인으로 성장하게 된다. 1971년 7대 대선에서 박정희와 정면 대결을 하며 첫 대권 도전을 하게 된다. 하지만 98만표 차이로 근소하게 패배하게 된다.

이에 박정희 대통령은 최대 정적인 김대중을 철저하게 탄압하여 그는 가택연금 55회, 투옥 6년, 망명 등 수차례의 죽을 고비를 넘기게 된다.

1987년 6월 항쟁으로 대통령 직선제 시대가 열렸고, 김대중은 실형면제와 복권조치를 통해 1997년 대통령으로 당선되어 1998년 2월 25일 제15대 대통령으로 취임했다.

김대중 대통령은 재임시절 IMF 경제위기 극복, IT세계화를 위한 전력 시스템 구축, 기초생활보장법, 4대보험을 완성해 사회안정망 기틀마련, 사회적 약자를 위한 여성부와 국가인권위원회 설치, 중학교 3학년까지 무상의무 교육, 월드컵 4강 진출 등 국가적으로 수많은 업적을 이루어 놓았으며, 특히 한반도 평화 정착을 위한 2000년 6월 분단 55년 만에 첫 남북정상회담을 성사시키며 6.15남북공동선언을 통해 양국 합의된 통일 방향을 설정하였다. 이에 한국인 최초로 노벨평화상을 받게 된다.

이처럼 김대중 정신은 권력과 기득권에 굴하지 않고 평화와 국가 번영을 바탕으로 하는 세계 민주·평화·인권에 대한 정신적 상징이 되었다.

김대중이 걸어온 길을 보면 한 순간도 순탄하지 않았음을 볼수 있다. 긴 세월 군부정권의 탄압 속에서도 희망의 이름으로 긴 겨울 끝에 봄을 꽃 피울수 있다는 소망을 놓치 않았던 것이다.

민주주의는 단순히 주어지는 것이 아니다. 작년 말 아직도 믿기지 않는 내란 친위 쿠테타가 발생하는 지금. 무엇보다 국민의 저력을 믿었던 민주주의 지도자, 국가의 미래를 그릴수 있는 설계자, 평화를 사랑했던 박애주의자, 지금 바로 필요한건 김대중 정신일 것이다.

지방자치 운영의 중요성

지방자치는 중앙정부에서 일방적이고 일편일률적으로 운영하는 정책이 아닌 지방 주민이 지역의 발전과 복리 증진을 위하여 규정과 법규에 의하여 권한과 책임을 행사하는 정치적 절차이다.

우리나라 지방자치의 역사를 보면 1949년 제정헌법을 통하여 지방자치법이 제정되었으며 6.25 전쟁 중이던 1952년에도 제1차 지방선거를 통하여 기초 및 광역의회 의원을 선출하였다. 하지만 1961년 박정희 대통령의 5.16 사태 이후 지방자치에 관한 임시조치법 시행으로 지방의회를 해산하고 자치단체장이 임명제로 전환되었다. 이후 1988년 지방자치법이 전면 개정되어 선출된 권력이 아닌 임명직으로 운영되었다.

이후 1991년 김대중 정권이 들어서면서 광역 및 기초자치 단체의 지방의회 구성이 이루어지고 1995년 지방자치 단체의 장과 지방의원이 선출되었으며, 2022년 지방자치법 전부개정 시행을 통하여 지방자치의 2.0시대를 맞이하게 되었다.

이러한 대한민국의 짧은 지방자치 역사를 돌이켜 볼 때 지방자치가 시행되지 않을땐 대통령 또는 각 장관 및 기관장에 의하여 모든 지방 단체장이 임명되고, 행정부를 견제 할 수 있는 사법, 입법부가 무력화됨으로써 시민은 배제된 정책, 권력자의 의한 국가로 전략해버리게 된다는 사실을 우리는 역사에서 경험하였다.

전 세계 지방자치 운영 순위와 국가별 행복지수, 민주주의 지수, 부패지수를 비교 하였을 때, 지방자치 순위가 높은 나라가 다른 지표에서도 높게 나타난다. 즉, 지방자치를 잘하고 있는 국가가 국민의 행복도와 민주주의 지수가 높으며, 부패는 감소한다는 것을 알 수 있다.

물론 이러한 지방자치의 장점의 이면에는 어려운 이면이 있다. 지방자치는 단순히 선출된 단체장 또는 의원이 하는 것이 아니다. 국가의 주인인 국민이, 자치 활동의 주체인 시민이 개개인의 생각이 아닌 연대하고 함께 해야하고, 필요한 정책을 위하여 공부하고 발전하여야 한다.

그렇기 때문에 지방자치의 핵심은 시민들의 연대와 교류를 통한 주민 자치 활성화라고 볼 수 있다.

우리나라는 역사적으로 지역사회 중심을 통하여 품앗이, 대가족사회, 두레 등 교류 사회를 형성하였으나, 6.25전쟁 이후 국토가 황폐화되고, 각자도생의 시대와 급격한 성장을 위한 목표 지향적 사회가 도래함에 따라 어느새 이웃은 사라지고 개인만 남게 되었다.

이로 인해 현재 국가적, 사회적 등 직간접적인 피해가 발생하고 있으나 해소할 수 있는 방법이 요원하며, 중앙정부 또는 지역기관에서도 피해자의 현실을 체험하기 어렵기 때문에 서로 방치하는 상황이 발생하고 있다.

예를 들어 국가 단위 최근 가장 큰 문제중 하나인 저출산·고령화 문제에 대한 해답은 한 개 부처의 문제가 아닌 현장에서 통합적 대응을 해야 되지만 그에 대한 해답은 나오지 못하고 있는 현실이고, 작게는 지역의 안전대책 마련이 필요하지만 현장을 모르는 공무원의 입장에선 고려조차 하지못하는 것이 현실이다.

따라서 주권을 갖고 있는 주민이 주체가 되어 지역의 문제를 해결하고, 주민의 삶에 영향을 미칠 정책이나 사업을 추진하는 것, 즉이 '풀뿌리 민주주의' 라고 칭하는 주민자치가 활성화되어야 한다.

주민자치 활성화를 위하여 지방 재정의 독립성 확보, 주민자치 활성화, 주민 역량 강화, 주민자치 제도 개선 등 아직 나아가야 될 문제들은 너무나 많다.

우리가 이러한 문제들을 해결 할수 있는 방법은 우리가 지방자치에 대한 이해를 높이고 현 제도 내에서 할수 있는 것들 역량강화와 네트워크 활성화, 정책 모니터링, 기초 및 광역의원의 의정 활동 감시와 선거 등을 통해 나의 삶을 위하여 좀 더 관심을 갖게 된다면, 차츰 성장하여 더욱 발전된 주민자치, 더욱 성장하는 대한민국이 될 것이라고 생각한다.

상식과 정책

요즘 정치권과 사회 전반에서 자주 등장하는 단어가 있다.

바로 '상식(常識)'이다. 정치인들은 입버릇처럼 "상식적인 사회를 만들겠다." 말하지만, 정작 그 '상식'이 무엇을 뜻하는지 깊이 생각해 본 사람은 많지 않다. 상식은 정치뿐 아니라 사회의 모든 영역에서 통용되는 기본 개념이다. 그러나 나는 오늘, 그 중에서도 정치, 특히 정당에서 말하는 상식의 의미에 집중해보고자 한다.

상식이란, 사회 구성원들이 공유하고 당연하게 여기는 보편적 가치관과 판단력, 이해력을 뜻한다. 민주주의 국가인 대한민국에서 상식의 기준은 결국 헌법적 가치와 국민의 기본권에 기반해야 한다. 즉, 어떤 정책이나 제도가 시행될 때 사회 구성원 누구나 그 결과와 방향을 예측할 수 있고, 그 과정과 이유를 납득할 수 있어야 비로소 그것을 "상식적이다"라고 부를 수 있다.

상식이란, 법률이나 제도 이전에 국민이 공감할 수 있는 정의감과 합리성의 최소 기준이다. 그리고 정치가 존재하는 이유는 바로 이 상식이 국민의 삶 속에서 작동하도록 만드는 데 있다.

최근 통계청 자료에 따르면, 6개월 이상 구직을 포기한 청년이 31만 6,000명에 달한다. 이는 2003년 통계 작성 이후 가장 높은 수치다. 청년들이 일자리를 찾지 못하고, 노력해도 기회가 보이지 않는 사회에서 희망은 점점 사라지고 있다. 교육 현장 또한 불안하다. 의대 정원 2,000명 증원 발표에 따른 전국 의대 수업 거부 사태, 수능의 '킬러 문항' 삭제와 AI 디지털 교과서 (AIDT) 도입 등 정책의 급격한 변화는 사회적 혼란을 키우고 있다. 학생 수는 줄어들고 있지만 지난해 사교육비는 29조 원을 넘어 역대 최대를 기록했다. 이는 가계 부담을 높이고, 결국 저출산의 악순환으로 이어지고 있다. 이러한 불안의 근본 원인은 단순한 제도적 미비가 아니라, 정책을 세우고 실행하는 과정에서의 상식의 부재에 있다.

정책을 수립하고 결정할 때 정치와 정부는 반드시 상식에 부합하는 기준을 가져야 한다. 단기적인 효과나 정치적 성과에만 집중하는 대신, 최소 5년, 10년의 장기적 시야로 사회 변화와 미래 세대를 함께 고려해야 한다. 물론 시급히 대응해야 하는 현안도 있다. 그러나 특히 교육과 복지, 청년 정책처럼 사회적 기반을 다지는 영역에서는 충분한 타당성과 사회적 합의가 선행되어야 한다. 성급한 변화는 늘 혼란을 낳는다. 국민이 이해하지 못한 정책은 설령 옳더라도 실패한다. 국민이 납득하고 예측할 수 있는 정책, 즉 상식이 있는 정책이야말로 국가의 지속 가능한 발전을 이끄는 힘이다.

결국 정부와 정당이 말하는 '상식'이란, 국민이 공유하는 통념과 헌법적 가치 위에서 미래를 예측할 수 있는 안정감을 제공하는 것이어야 한다. 정치는 국민의 불안을 해소하고, 혼란 속에서도 길을 제시하는 역할을 해야 한다. 그 시작점이 바로 상식의 회복이다.

나는 우리 대한민국이 상식이 통하는 나라가 되길 바란다.

권력보다 원칙이 앞서고, 논리보다 공감이 우선하며, 정치가 국민의 눈높이에서 움직이는 사회. 그것이 내가 꿈꾸는 정치의 정상화, 그리고 대한민국의 미래다. 상식은 거창한 이념이 아니다. 그건 결국 사람을 향한 최소한의 예의이자, 국가가 국민과 약속을 지키는 태도다.

경제

인공지능 시대, 대한민국 경제의 새로운 패러다임

2025년을 살아가는 사람 중 'AI(인공지능)'라는 단어를 들어보지 못한 이는 없을 것이다. 그러나 AI를 정확히 이해하고, 다가올 미래를 준비하는 사람은 여전히 많지 않다. 더 나아가 AI가 불러올 산업 구조의 변화와 사회적 흐름을 예측해 전략적으로 대응하고 있는 사람은 극히 드문 것이 현실이다.

이 글은 바로 'AI가 만들어낼 미래 세대'에 대한 이야기이며, 그 변화속에서 대한민국이 어떤 방향으로 나아가야 할지를 모색하고자 한다.

인공지능, 즉 AI(Artificial Intelligence)란 인간의 지능을 모방한 컴퓨터 기술을 말한다. 그 이론적 기초는 1950년대부터 시작되었지만, 2000년대 이후 딥러닝 (Deep Learning) 기술의 등장으로 급격한 발전을 이루었다. 딥러닝이란 인공신경망을 통해 복잡한 패턴을 학습하는 기술로, AI가 스스로 학습하고 예측하며 판단하는 능력을 갖추게 한 핵심 원리다.

AI의 학습 구조는 인간과 본질적으로 다르다. 인간의 기억은 망각되지만, AI는 한 번 학습한 데이터를 기반으로 지속적이고 누적된 학습이 가능하다.

데이터가 쌓일수록 AI의 성능은 기하급수적으로 향상된다. 이 때문에 앞으로 5년 뒤의 대한민국은 지난 20년보다 훨씬 빠르고 근본적인 변화를 맞이할 것이다.

AI의 발전은 놀라운 혁신을 가져오지만 동시에 심각한 사회적 파장을 예고한다. 특히 일자리 감소와 노동 구조의 재편은 전 세계가 직면한 핵심 과제다. AI가 인간의 반복적 업무를 대체하고, 로봇과 자동화가 산업 전반으로 확산되면서 노동시장의 구조적 변화는 이미 시작되었다. 문제는 이에 대한 명확한 해법이 세계 어디에서도 제시되지 않았다는 것이다.

AI 시대에서는 현재 대기업 및 제도화를 통해 만들어진 기업과 사회 구조가 경량화되고 개인화를 요구하는 시대가 되어가고 있다. AI 시대의 사회 안전망, 교육 체계, 복지 제도, 조세 정책 등은 모두 새롭게 설계되어야 하지만, 대부분의 국가는 여전히 대응 속도가 더디다. 그렇다면 대한민국은 어떤 선택을 해야할까?

AI의 위험을 이유로 개발을 중단하거나 방관하는 것은 불가능하다. 우리가 머뭇거리는 사이, 세계는 이미 AI 중심의 신산업 질서로 재편되고 있기 때문이다.

AI 시대의 국가 경쟁력은 단순한 기술 보유가 아니라, AI를 활용할 수 있는 산업 기반과 데이터 생태계 구축에 달려 있다. 따라서 정부는 AI 인프라 확충과 R&D(연구 개발) 투자를 통해 국가 단위의 AI 산업 클러스터를 조성해야 한다. 그 출발점은 바로 중소기업 제조업 분야에 있다. 통계청 자료에 따르면, 대한민국 전체 산업의 99.9%가 중소기업이며, 국내 근로자의 81%가 중소기업에 종사하고 있다.

그중 제조업은 28%를 차지하며, 여전히 국가 경제의 중추적 역할을 담당한다. 이 핵심 산업에 AI를 접목한다면, 대한민국의 산업 구조는 단순한 자동화 단계를 넘어 지능형 제조 생태계(Smart Manufacturing Ecosystem)로 진화할 수 있다.

국가는 중소 제조업 현장에 AI 기술을 도입할 수 있도록 휴머노이드 로봇, 예지 정비 시스템, 공정 자동화 솔루션 등 AI 기반 산업 인프라를 보조금과 세제 혜택 형태로 지원해야 한다.

이를 통해 중소기업은 24시간 안전하고 효율적인 생산환경을 구축할 수 있으며, 노동 의존도를 줄이면서도 생산성과 품질 경쟁력을 동시에 강화할 수 있다. 궁극적으로 이는 중소기업의 생존력을 높이고, 대한민국 산업의 근본 체질을 바꾸는 혁신이 될 것이다.

AI의 도입이 확대되면, 기존 노동자의 일자리가 감소할 것은 분명하다. 그러나 그것이 반드시 '실업의 확대'를 의미하지는 않는다. 새로운 일자리의 정의와 역할이 바뀌는 것이다. AI가 도입된 기업에는 일정 수준의 추가 세금을 부과하고, 그 세수를 기본소득 형태로 국민에게 환원하는 제도를 검토할 필요가 있다.

이것은 단순한 복지가 아니라, AI 시대의 사회적 합의 구조다. 또한 인간이 할 수 있는 창의적 노동, 즉 서비스직, 데이터 보안, 문화 콘텐츠, 예술 산업, 교육 및 돌봄 분야의 고부가가치 일자리를 적극적으로 육성해야 한다. AI는 단순 반복을 대체할 수 있지만, 인간의 감성·공감· 창의는 대체할 수 없다. 따라서 정부의 노동 정책은 "대체 불가능한 인간 역량"을 중심으로 재편되어야 한다.

AI는 국경을 넘는 기술이다.

따라서 대한민국은 국제사회와 협력하여 AI 윤리 기준과 기술 규범을 선도적으로 제시해야 한다. AI의 오남용, 데이터 독점, 프라이버시 침해 문제는 한 나라만의 문제가 아니다. 우리는 국제적 협의체 주도, 개도국 대상 AI ODA(공적개발원조), 그리고 글로벌 AI 윤리헌장 제정 등 국제적 역할을 수행해야 한다. AI 강국으로서 책임있는 리더십을 보여주는 것이 대한민국의 국가 위상을 높이는 핵심 전략이 될 것이다.

이러한 국가적 방향은 이미 일부 정책 기조에서 제시되고 있다. 현 기획재정부 장관 겸 부총리 구윤철 장관의 'AI 코리아(AI Korea)' 비전은 AI를 국가 성장의 중심축으로 삼는 청사진을 제시하고 있다. 구 장관은 기획재정부 출신의 정책 전문가로, 균형 잡힌 재정철학과 산업 통찰력을 바탕으로 AI 기반 산업 혁신과 사회 안전망의 병행을 강조하고 있다.

나는 그의 비전에 깊이 공감하며, 그 방향성이 대한민국이 진정한 선진국으로 도약하는 발판이 되길 기대한다.

AI의 시대는 이미 도래했다.

우리가 선택할 수 있는 길은 두 가지뿐이다.

AI를 두려워하며 뒤처지거나, AI를 품고 미래를 설계하는 것.

AI는 인간의 적이 아니라, 인간의 확장된 지능이다. 그것을 어떻게 사용할 것인가는 결국 우리의 선택에 달려있다. 대한민국이 기술 중심의 국가를 넘어 인간 중심의 AI 경제 강국으로 나아가길 바란다. 그 길은 어렵지만, 지금 이 시대의 청년과 정책가들이 함께 만들어가야 할 대한민국의 새로운 미래이다.

대한민국 경제 성장의 여정과 미래 경제 전략

대한민국은 언제부터 세계 10대 강국으로 불리게 되었을까?

오늘날 우리는 대한민국을 "선진국"이라 자부하고, 세계 경제의 주요 축으로 자리 잡았다고 말한다.

그러나 이 평가의 근거는 무엇이며, 대한민국이 어떻게 세계적 강국으로 도약하게 되었는지를 면밀히 살펴볼 필요가 있다. 본 글에서는 대한민국의 경제 발전 과정과 현황을 분석하고, 다가올 미래 성장 방향을 제시하고자 한다.

대한민국은 대표적인 통상국가(通商國家)이다.

이는 단순히 국내 시장에 의존하지 않고, 무역과 교역을 통해 국가 이익을 창출하는 구조를 의미한다.

1950년대 전쟁의 잿더미 위에서 시작된 대한민국은 지하자원도, 풍부한 천연자원도 없는 나라였다. 그러나 사람을 자원으로 삼은 인적 자본 중심 성장 전략을 바탕으로 불과 반세기 만에 세계 10대 경제 강국으로 부상했다.

매년 스위스 다보스에서 개최되는 세계경제포럼(WEF, World Economic Forum)은 각국의 경제 경쟁력과 성장 전망을 평가한다. 대한민국은 2000년대 초부터 IT산 업, 제조업, 문화산업을 중심으로 세계 경제에서 중추적인 역할을 하기 시작했다. 이 시기를 기점으로 대한민국의 경제경쟁력은 '고도성장의 산업국가'에서 '혁신형 지식경제국가'로 변모하기 시작했다. IT 강국, 반도체 강국, 그리고 K-콘텐츠 강국이라는 새로운 정체성이 자리 잡은 것이다.

대한민국의 경제성장은 정권별 정책 기조와 글로벌 경제 환경의 영향을 함께 받았다. 대통령별 국가경쟁력 변화를 간략히 살펴보면 다음과 같다. 김대중 정부(1998~2003) : IMF 외환위기 극복을 위한 구조개혁과 IT산업 육성을 통해 한국 경제의 디지털 전환 기반을 마련했다. '벤처 붐'과 정보화 인프라 확충이 대표적 성과였다.

· 노무현 정부(2003~2008)

참여정부는 '균형발전'과 '글로벌화'를 강조하며 FTA 체결, 첨단산업 육성 등을 추진했지만 세계 금융위기의 여파로 성장세가 둔화되었다.

· 이명박 정부(2008~2013)

해외 자원 개발과 4대강 사업 등 대규모 경기 부양책을 추진했으나, 글로벌 금융위기 대응에 집중하면서 내수 확대에는 한계가 있었다.

· 박근혜 정부(2013~2017)

'창조경제'를 국정 비전으로 내세웠으나 정책 실행의 구체성이 부족했고, 정치적 혼란으로 경제 신뢰도가 하락했다.

· 문재인 정부(2017~2022)

소득주도성장과 포용정책을 추진했으며 사회적 가치 중심의 경제 체계를 구축하려 했다. 그러나 코로나19 팬데믹과 규제 강화로 일부 산업의 성장이 둔화되었다.

· 윤석열 정부(2022~2025)

R&D 예산 삭감과 정치적 불안정으로 인해 기술 경쟁력 약화와 경제 불확실성이 심화되고 있다. 특히 대외 불안과 내수 침체가 겹치며 성장동력이 점차 약화되고 있다 는 평가가 많다.

경제 성장의 핵심은 정치적 안정과 제도적 신뢰에 있다. 역대 정부 사례를 보면, 정치적 안정과 외교·안보의 균형이 유지될 때 경제 성장이 뚜렷하게 나타났다. 반면, 정권 내부의 갈등이나 국정 불안이 커질수록 경제 성장률과 투자 지표는 하락하는 경향을 보였다. 그 단적인 예가 2024년 12월 3일 '내란 사태'였다. 비상 계엄 선포 6시간 만에 국내 증시 시가총액 71조 원이 증발했고, 경제성장률 전망치는 1.9%에서 1.6~1.7%로 하향 조정되었다.

민간소비 위축과 수출 부진이 복합적으로 작용해 원·달러 환율은 1,487원까지 급등하며 국가 신용도가 흔들리는 사태가 벌어졌다. 이처럼 정치 불안은 곧 경제 리스크로 직결된다. 국가 경쟁력의 핵심은 기술이나 자원보다 '신뢰받는 정부'와 '예측 가능한 정책'임을 보여주는 사례다.

대한민국이 오늘날 세계 경제의 중심으로 자리 잡은 배경에는 세 가지 핵심 성장엔진이 있다.

첫째, 문화산업(K-콘텐츠)이다. 2000년대 초 K-POP, K- 드라마, K-푸드를 중심으로 문화 수출이 급성장했다. 한국 고유의 감성과 창의성이 세계 시장에서 통하며 '소프트 파워'가 경제 자산으로 전환되었다.

둘째, 디지털 인프라이다. 초고속 인터넷 보급률 세계 1위, ICT 기술력과 모바일 생태계 확장은 '디지털 대한민국'의 기틀을 마련했다.

셋째, 첨단 제조업 및 기술 산업이다. 반도체, 전기차, 배터리, AI 산업은 대한민국을 글로벌 기술 허브로 이끌고 있다. 삼성전자, 현대자동차, LG에너지솔루션 등 주요 기업이 세계 공급망의 중심에 서 있다.

하지만 최근 들어 R&D 예산 삭감과 기술 혁신 둔화가 대한민국 경제의 새로운 위험 요인으로 떠오르고 있다. R&D 투자는 미래 산업 경쟁력의 핵심인데, 국가 재정 긴축과 단기 성과 중심의 예산 운용으로 인해 기술 격차가 점차 벌어지고 있다. 특히 중국과 미국은 반도체, AI, 양자기술 등 미래 산업 분야에서 막대한 투자를 이어가고 있지만, 대한민국은 오히려 후퇴 조짐을 보이고 있다. 이대로라면 '기술 추격국'에서 '기술 격차국'으로 전락할 위험도 있다.

대한민국은 넓은 영토나 풍부한 천연자원이 없는 국가다. 따라서 지속 가능한 성장을 위해서는 국민의 창의력과 혁신 역량이 절대적이다. 향후 대한민국 경제가 나아가야 할 전략적 방향은 다음과 같다.

첫째, 문화 및 소프트 파워 강화이다. 한국의 문화예술을 세계화하여 지속 가능한 콘텐츠 산업 생태계를 구축해야 한다.

둘째, 외교·안보의 실용화이다. 강대국과의 실용적 외교를 통해 외교 리스크를 최소화하고 안정적 경제 환경을 유지해야 한다.

셋째, 첨단 기술 산업 육성이다. 반도체, AI, 친환경 에너지, 우주 산업 등 미래 기술 중심의 성장동력을 강화 해야 한다.

넷째, 혁신 인재 양성 및 교육개혁이다. 과학기술 중심의 창의적 인재를 양성하고, 대학-기업-정부 간 협력 생태계를 강화해야 한다.

대한민국의 경제성장은 국민의 근면성과 혁신 정신으로 이루어졌다. 그러나 최근의 정치적 불안, R&D 투자 축소, 산업 경쟁력 약화는 그 성취를 위협하는 심각한 경고 신호다. 지금 필요한 것은 비전과 실행력을 겸비한 지도자, 즉 실용 외교와 기술 혁신을 동시에 이끌 수 있는 리더십이다.

경제는 곧 국가의 얼굴이며, 경제정책의 방향은 국민의 삶과 직결된다. 대한민국이 다시 한 번 세계 경제의 중심으로 도약하기 위해서는 단기 성과가 아닌 장기적 안목과 전략적 정책이 필요하다. 그것이 바로 미래 세대를 위한, 그리고 대한민국 100년의 번영을 위한 길이다.

26년 최저임금 협상으로 보는 대한민국 경제

2021년 8,720원이었던 최저임금은 2024년 9,860원으로 11.6% 인상되었고, 2025년에는 전년 대비 1.7% 상승한 10,030원, 즉 드디어 '1만원 시대'를 돌파했다. 최저임금은 단순한 숫자가 아니니다. 그것은 근로자에게는 최소한의 인간다운 생활을 보장하는 사회적 안전장치이며, 동시에 기업에게는 생산비용을 결정짓는 핵심 요인이다. 따라서 그 균형을 어떻게 맞추느냐가 곧 한 나라의 경제정의를 가늠하는 기준이 된다.

노동계는 오랜 기간 최저임금 인상이 생계비 상승을 따라가지 못하고 있다고 주장해왔다. 2024년 생계비는 약 7.5% 상승했지만, 최저임금 인상률은 1.7%에 그쳤다. 또한 2021년부터 2025년까지의 누적 경제성장률과 물가 상승률을 고려하면, 실질임금은 오히려 후퇴했다는 분석이 나온다.

즉, 명목상으로는 임금이 인상되었지만 체감 수준은 개선되지 않은 상황이다. 특히 물가 상승이 생활 필수품과 주거비, 교통비 등 실질 소비 영역에 집중되면서 저임금 근로자일수록 상대적 박탈감이 커지고 있다.

반면, 임금을 지급하는 중소기업과 자영업자에게 최저임금 인상은 생산비용의 직접적인 상승을 의미한다. 경제성장률이 0%대에 머물고 있는 현재, 매출이 정체된 상황에서 인건비가 상승하면 자영업자는 버티기 어렵고, 중소기업은 신규 고용을 꺼리게 된다. 통계청 자료에 따르면, 2024년 기준 폐업 자영업자 비율은 5년 내 최고치를 기록했다. 특히 음식점, 숙박업, 도소매업 등 노동집 약형 산업군에서 인건비 부담이 크게 작용했다.

이들은 "매출은 제자리인데, 비용은 계속 오른다"는 절박한 호소를 이어가고 있다. 대기업이나 공공기관은 상대적으로 충격이 적지만, 국내 고용의 80% 이상을 담당하는 중소기업·자영업자층은 생존의 벼랑에 서 있다.

매년 반복되는 최저임금 논의는 '노동자 vs 사용자'라는 대립 구도로만 소비되고 있다. 하지만 진정한 문제의 본질은 노사 갈등이 아니라 경제 구조의 불균형이다. 노동은 사회의 근간이며, 기업은 그 노동을 실현시키는 토대다. 이 둘은 경쟁 관계가 아니라 공존 관계다. 그럼에도 불구하고 현재의 제도는 이 둘을 대립시키는 구조로 작동하고 있다.

현행 최저임금제의 가장 큰 문제는 '일률성'이다. 산업의 특성과 지역의 경제 여건이 크게 다름에도 하나의 기준으로 모든 업종과 지역에 적용된다. 따라서 '산업군별·경제력별 차등임금제'를 도입할 것을 제안한다. 산업 구조에 따른 구분 제조업, IT, 서비스업, 운송업 등 각 산업의 구조적 특성을 고려해 임금 기준을 세분화해야 한다.

기업 규모와 수익성에 따른 구분 일정 규모 이하의 영세 자영업자와 소상공인은 최저임금 인상분에 대해 세금 감면 또는 국고 보전 제도를 적용할 수 있다.

이 방식은 단순히 임금을 낮추는 것이 아니라, '지불 능력에 따른 책임 분담'을 제도화함으로써 근로자의 권익과 고용주의 생존권을 동시에 지키는 것이다.

최근 사회 초년생들의 취업 경향을 보면 중소기업보다는 플랫폼 노동, 단기 서비스직을 선호하는 비율이 급격히 높아졌다. 그 이유는 명확하다. 중소기업의 임금 수준은 최저임금과 큰 차이가 없고, 업무 강도와 근무시간은 훨씬 높기 때문이다. 반면 플랫폼 노동이나 단순 서비스직은 퇴근 후 업무 스트레스가 적고, 시간 활용이 자유롭다. 결국 노동의 질과 임금의 균형이 무너진 구조 속에서 청년층은 산업기반 보다 '편의 노동'을 선택하고 있다. 이로 인해 중소 제조업은 만성적인 인력난에 시달리고, 산업 경쟁력의 근간이 점차 약화되고 있다.

최저임금제는 단순한 복지 제도가 아니라 국가 경제 시스템의 핵심 축이다. 따라서 임금 인상률을 결정할 때는 거시지표(경제성장률, 물가상승률)뿐 아니라 미시경제적 요인, 즉 산업 구조, 고용 형태, 지역별 물가 수준까지 고려해야 한다. 이를 위해 정부는 다음과 같은 정책 전환이 필요하다.

첫째, 산업별·규모별 차등임금제 시범 도입이다. 업종 특성에 맞춘 임금 기준을 마련하고, 고용 안정 효과를 실증적으로 검증한다.

둘째, 소상공인 부담 완화 제도 확대이다. 일정 매출 이하 사업자에게 인건비 세액 공제 또는 국고 보조금을 지원하는 것이다.

셋째, 노동시장 구조 개혁이다. 정규직·비정규직 간 임금 격차 완화, 플랫폼 노동자 보호법 제정 등 새로운 노동 형태에 대한 제도화를 통한 노동시장의 안정성을 확보하는 것이다.

넷째, 노사정 협의체의 재편이다. 단순한 협상 구조를 넘어, 산업 전문가·청년 대표·지역 단체가 참여하는 '미래형 임금위원회'로 개편해야 한다.

최저임금은 근로자의 생존선이자, 자영업자와 중소기업의 지속 가능성을 좌우하는 경제의 중심축이다. 지금까지의 논의는 '누구의 몫을 늘릴 것인가'에 집중했지만, 이제는 '어떻게 함께 살아남을 것인가'로 전환되어야 한다. 임금은 갈등의 도구가 아니라 사회적 신뢰의 약속이어야 한다. 정부와 사회가 노사 어느 한쪽의 편에 서지 않고, 모두가 공존할 수 있는 경제 생태계를 설계할 때 비로소 대한민국은 진정한 의미의 선진국형 경제 로 나아갈 수 있을 것이다.

물에 빠진 사람과 사기 피해자, 그리고 우리가 놓치는 진짜 가해자

"사기를 당했다"는 말을 들었을 때, 우리는 누구를 먼저 떠올릴까?

사기를 친 가해자보다도, 사기를 당한 피해자를 떠올리며 묻는다.

"왜 그런 걸 믿었어?", "처음부터 이상하지 않았어?" 우리는 피해자를 먼저 의심하고, 때로는 비난하며, 심지어 조롱한다. 이러한 반응은 피해자에게 두 번째 상처를 남기는 2차 가해다. 이 글은 사기 피해자를 향한 우리의 왜곡된 시선, 그리고 그들을 구조하려다 함께 빠질 수밖에 없는 '구조자의 딜레마'를 '익수자 구조(溺水者 救助)'에 빗대어 설명하고자 한다.

사기 피해는 대부분 피해자가 '스스로' 사기를 당했다는 사실을 인정하기까지 오랜 시간이 걸린다. 그 이유는 단순하다. 대부분의 사기는 처음부터 거액을 요구하지 않는다. 피해자가 납득할 수 있는 '작은 투자'로 시작해 신뢰를 쌓고, 조금씩 금액을 늘려가며 점점 더 깊이 끌어들인다.

이 과정에서 피해자는 사기꾼의 논리를 신뢰하게 되고, 나중에는 '거짓'보다 '그동안의 믿음'을 지키려 한다. 왜냐하면 사기를 인정하는 순간, 그동안의 시간·감정·돈·명예 모두를 스스로 부정해야 하기 때문이다.

그건 단순한 손해가 아니라 '자기 부정의 고통'이다. 이 점에서 사기 피해자는 물에 빠진 사람과 닮아 있다. 익수자는 살기 위해 무의식적으로 구조자의 팔을 붙잡는다. 하지만 그 순간 구조자까지 함께 물속으로 끌려 들어간다. 사기 피해자 역시, 스스로를 구하기 위해 주변 사람을 위험에 빠뜨리기도 한다. 그만큼 절박하고, 또 그만큼 위험한 심리적 상태에 놓여있는 것이다.

익수자를 구할 수 있는 유일한 시점은, 그가 힘이 빠져 더 이상 몸부림치지 않을 때다. 사기 피해자도 마찬가지다. 피해자가 아직 "나는 속지 않았다"고 스스로를 합리화하고 있다면, 아무리 도와줘도 그것은 '밑 빠진 독에 물 붓기'일 뿐이다. 실제로 많은 피해자들이 주변의 만류에도 불구하고 사기꾼의 말을 믿고, 오히려 가족이나 친구에 게 돈을 빌려 전달한다. 결국 자신도 모르게 사기 조직의 하수인으로 전락하기도 한다. 따라서 피해자를 구하기 위한 첫 번째 단계는 그가 "나는 속았다"는 사실을 스스로 인정하도록 돕는 것이다. 강요나 비난이 아닌, 현실 인식의 시간을 기다려주는 것이 가장 현실적인 구조 방법이다.

사기의 본질은 기망(欺罔), 즉 거짓된 말과 행위로 사람을 속이는 것이다. 그럼에도 한국 사회는 여전히 "그걸 믿은 네 잘못" 이라는 피해자 비난의 프레임에서 벗어나지 못하고 있다. 이러한 인식은 단순한 편견을 넘어 사회적 2차 가해를 낳는다. 피해자는 오히려 자신의 옳음을 증명하기 위해 주변을 설득하고, 스스로 더 깊은 함정으로 빠져든다.

이 구조는 범죄자를 더욱 대담하게 만들고, 피해자는 더욱 쉽게 고립된다. 결국 사기 피해는 개인의 판단 미스가 아니라, 사회적 신뢰 체계의 붕괴로 인한 집단적 실패다.

한국 형법은 여전히 살인, 강도, 강간을 '3대 중범죄'로 규정하며 경제사범에 대해서는 상대적으로 낮은 형량을 부과한다. 하지만 현실의 피해 규모를 보면 이야기가 달라진다.

대검찰청 범죄분석 통계(2023)에 따르면 사기 범죄는 연간 35만 건 이상 발생해, 전체 형사 범죄 중 가장 높은 비율(약 40%)을 차지한다. 금융감독원 통계(2023 상반기)에 따르면 보이스피싱 피해금액만 1,407억 원, 하루 평균 약 7억7천만 원의 피해가 발생했다. 국립정신건강센터 조사에 따르면 경제적 이유로 자살을 결심한 사람 중 42%가 사기·보증·채무불이행 경험자였으며, 이 중 상당수가 사기 피해자였다.

즉, 경제 범죄는 단순한 '금전 피해'가 아니다. 그것은 개인의 삶과 가족, 사회의 신뢰 기반 전체를 붕괴시키는 경제적 테러다.

사기는 더 이상 개인의 불운이나 어리석음으로 치부할 수 없다. 그것은 사회적 재난이자 경제 안보의 위협이다. 따라서 다음과 같은 다층적 대응이 필요하다.

첫째, 형법 개정 및 처벌 강화 고액·반복 사기, 조직적 금융사기 등은 살인·강도와 같은 '중대 범죄' 수준으로 처벌 수위를 높여야 한다.

둘째, 피해자 보호·회복 시스템 구축 사기 피해자의 법률·심리·재정 회복을 지원하는 국가 단위 통합지원센터를 운영해야 한다.

셋째, 금융·디지털 환경에 대한 선제적 규제를 통한 AI, 가상자산, SNS 플랫폼을 이용한 신종 사기 범죄에 대해 실시간 모니터링 체계를 구축하고, 국제 공조를 강화해야 한다.

넷째, 사회 인식 전환 캠페인 활성화이다. "왜 믿었냐"가 아니라 "어떻게 도와줄까"라는 인식 전환 운동이 필요하다. 피해자는 비난의 대상이 아니라 사회적 보호의 대상 이다.

결국 사기를 사전에 예방하는 사전 대비책을 마련하고, 그후엔 피해자를 구조하는 사회적 체계를 구축하여야 한다. 물에 빠진 사람을 구하려면, 먼저 빠지기 전에 위험을 알리고, 빠진 후에는 손을 내밀어야 한다. 사기도 마찬가지다. 예방 교육과 제도적 경고가 필요하며, 이미 피해를 입은 사람에게는 비난이 아닌 손길이 필요하다.

사기 범죄는 이제 '범죄자 개인의 일탈'이 아니라 국가의 대응 능력과 사회의 도덕 수준을 시험하는 척도가 되었다. 우리는 더 이상 피해자에게 돌을 던지는 사회가 되어서는 안 된다. "왜 속았냐"가 아니라 "다시는 속지 않도록 함께 막자"는 사회가 되어야 한다.

사회/문화

사람과 인간의 본질에 대한 성찰

우리는 흔히 사람과 인간을 많이 사용하지만 그 차이에 대한 고찰과 본질을 생각해본적이 있는가?

'인간(人間)'이라는 말은 누구나 알고 있지만, 그 단어가 실제로 무엇을 의미하는지 깊이 생각해본 사람은 많지 않다. 오늘은 그 익숙한 단어 속에 숨어 있는 본질을 다시 들여다보고자 한다.

'인간'이라는 단어는 '사람(人)'과 '사이(間)'의 결합이다. 즉, 인간이란 본래부터 다른 사람과의 관계 속에서 존재하는 존재, 다시 말해 사회적 상호작용 속에 살아가는 생명체를 의미한다. 우리는 혼자서 완전할 수 없고, 누군가와 더불어 살아갈 때 비로소 인간다움을 완성한다. 그래서 인간은 단순히 '개인'이 아니라 '우리'라는 집합 속 에서 의미를 얻는다.

한국어에서 '사람'이라는 단어는 '살아 있다'는 뜻의 '살'에서 비롯되었다. 즉, 사람은 살아 있는 존재, 생명 그 자체로 존귀한 존재를 뜻한다.

그 누구도 생명을 이유로 평가받거나 차별받아서는 안된다. 살아 있다는 사실만으로 이미 존중받을 이유가 충분하기 때문이다. 하지만 인간의 존엄이 절대적 가치라 하더라도, 그 존엄은 사회 속에서 다른 사람의 존엄과 조화를 이루어야 한다. 나의 자유가 타인의 권리를 침해하지 않을 때, 비로소 진정한 의미의 인간다운 사회가 가능하다.

나는 인간(人間)의 본질은 "불완전 이기주의"라고 생각한다.

인간은 본능적으로 이기적인 존재다. 그러나 동시에 혼자서는 결코 완전할 수 없는 불완전한 존재이기도 하다. 이 불완전함이야말로 인간이 사회를 만들고 문화를 발전 시켜온 이유다.

우리는 서로의 결핍을 메우기 위해 관계를 맺고, 그 관계 속에서 법과 제도, 윤리와 문화가 생겨났다. 즉, 인간의 사회적 구조는 불완전함을 인정하고, 서로 돕기 위한 합의의 결과물이라 할 수 있다. 혹자는 자신이 완벽한 존재라고 생각할수도 있을 것이다. 하지만 현대사회를 살아가는 어떠한 인간도 홀로 살아갈 수 없는 불완전한 존재이다. 우리가 매일 먹는 한 끼의 식사조차 수 많은 인간들의 손길이 모여 완성된다.

농부가 재료를 키우고, 운송업자가 유통을 맡고, 가공업자와 판매자가 각자의 자리를 지킨다.

이처럼 우리의 일상은 보이지 않는 협력의 그물망 속에서 유지된다. 따라서 인간이란 서로에게 의존하며 살아가는 관계적 존재다. 나의 삶은 타인의 노력이 이어진 결과이고, 타인의 삶 또한 나의 역할 위에 세워져 있다.

오늘날 우리는 기술의 발전과 개인화된 삶 속에서 점점 더 '연결된 고립'의 시대를 살아가고 있다. 디지털 네트워크로 연결되어 있지만, 정작 마음의 거리는 멀어지고 있다.

이럴 때일수록 필요한 것은 개인의 성찰과 더불어 함께 사는 인간으로서의 본질을 되찾는 일이다. 우리는 혼자가 아니라, 사회라는 공동체의 일부로 살아가고 있다.

그 속에서 나의 역할을 다하고, 타인의 존재를 존중하며, 서로의 삶을 지탱하는 책임을 공유해야 한다.

인재전쟁, 국가의 미래를 결정하다

"국가의 경쟁력은 결국 사람이 결정한다."

이 말은 단순한 구호가 아니라, 지금 우리 시대의 냉혹한 현실이다. 세계는 지금 '자원 전쟁'이 아니라 '인재 전쟁'의 시대를 맞이하고 있다.

KBS 다큐멘터리 인재전쟁은 우리 사회가 맞이한 현실을 잘 보여준다. 1편 '공대에 미친 중국'은 중국이 기술 인재를 확보하기 위해 얼마나 과감한 국가적 투자를 하고 있는지를, 2편 '의대에 미친 한국'은 한국이 얼마나 편향된 교육 문화속에 갇혀 있는지를 보여준다.

이 두 편의 대조적인 모습은 단순히 교육의 문제가 아니라 국가의 미래 전략 부재를 드러내는 거울이다. 중국은 지난 20여 년간 정부가 주도하여 연구개발(R&D)에 대규모 투자를 단행하고, 과감한 정책과 인재 지원 시스템을 구축했다.

특히 정부가 신뢰하는 과학자를 중심으로 장기 프로젝트를 설계하고 수천억 원 규모의 연구비를 일임하는 방식은 국가가 인재에게 책임과 자율을 동시에 부여하는 구조였다.

반면 우리나라는 여전히 단기적 성과 중심, 정권 교체와 예산 심의에 따라 뒤흔들리는 불안정한 연구 환경 속에 놓여 있다. 매년 성과보고서와 사업계획서를 써야 예산이 이어지고, 연구의 지속성과 실패 후 재도전의 기회가 보장되지 않는다. 과감한 신뢰 대신, 조심스러운 행정이 과학의 발목을 잡고 있는 셈이다.

한국의 교육 현실은 더욱 심각하다. 지금의 교육 시스템은 기술·공학보다 의학 중심의 편향된 구조로 기울어져 있으며, 사회적 인식 또한 "안정적인 직업이 곧 성공"이라는 등식에 갇혀 있다.

그 결과, 유능한 이공계 인재들이 연구 현장을 떠나 의대 진학이나 해외 유학으로 빠져나가고 있다. 이 현상은 단순한 개인의 선택이 아니라 국가 경쟁력의 근본이 무너지는 조짐이다.

산업의 근간이 되는 공학 인재가 줄어들면 기술력은 정체되고, 연구 생태계는 쇠퇴하며, 결국 일자리와 산업 발전의 선순환 구조가 끊어진다.

즉, 지금 한국은 의학 중심의 교육 체계 속에서 기술 주도 사회의 미래를 스스로 잃어버리고 있는 상황이다.

'인재(人才)'란 무엇인가? 사전적으로는 "재능이나 능력이 뛰어난 사람"

을 뜻한다. 그러나 나는 그 정의를 조금 달리 보고 싶다.

"인재란, 미래를 스스로 그릴 줄 알고 도전을 통해 변화를 만들어내는 사람이다."

단순히 시험 성적이나 스펙이 아니라, 새로운 시도를 두려워하지 않고 문제를 해결할 수 있는 실천적 능력을 가진 사람이 진정한 인재다.

모든 사람은 각자의 재능을 지니고 있다. 하지만 그 재능을 발견하고, 발전시키며, 공동체와 연결시키는 구조가 없다면 그 능력은 결국 사라진다. 그래서 인재를 만드는 것은 개인의 노력만이 아니라 국가와 사회의 시스템이어야 한다.

우리는 이제 인재 양성의 패러다임을 바꿔야 한다. 획일화된 입시 중심 교육으로는 세계가 요구하는 다양성과 창의성을 따라갈 수 없다. 국가가 해야 할 일은 분명하다.

첫째, 교육과 산업이 연계된 국가 주도형 인재 육성 시스템을 구축해야 한다. 학교에서 배운 지식이 곧 산업현장에서 활용될 수 있도록 산·학·연 협력 구조를 촘촘히 연결해야 한다.

둘째, 실패를 허용하고 재도전할 수 있는 생태계를 만들어야 한다.

한 번의 실패로 끝나지 않고, 그 실패가 경험이 되어 다시 일어설 수 있도록 제도적 보호장치와 장기적 지원이 필요하다.

셋째, 인재를 해외로 내보내는 대신 한국 안에서 성장하고 세계로 나아갈 수 있는 환경을 조성해야 한다. 연구비와 복지, 기업 협력 구조를 혁신해 인재들이 "해외보다 한국이 더 기회의 땅"이라고 느낄 수 있어야 한다.

지금 우리에게 필요한 것은 부당한 성공이 아니라 정당한 노력이 인정받는 사회다. 국가가 앞장서서 학교와 산업, 연구와 창업을 하나의 흐름으로 묶어내는 '산업 생태계의 대전환'을 이루어야 한다. 그것이 진정한 의미의 인재전쟁의 승리이며, 미래 세대를 위한 국가의 최소한의 책임이다.

AI 발전과 미디어의 변화

미디어의 역사는 인류가 서로 소통하기 시작한 약 10만 년 전으로 거슬러 올라간다. 기원전 약 3,500년경 문자의 탄생은 사라지는 구술(口述) 정보를 외부에 저장할 수 있는 최초의 도구였다.

이후 인쇄술의 발달은 지식의 대량 복제와 대중적 유통을 가능하게 했고, 근현대에 들어서는 방송이 국가와 기업 단위의 거대 자본과 시스템을 바탕으로 정보를 전달해 왔다. 그러나 21세기에 들어서며 미디어 환경은 급격히 달라졌다. 인터넷과 디지털 매체의 발전으로 이제는 개인 혹은 소규모 팀도 정보 생산과 유통의 주체가 될 수 있는 시대가 열린 것이다.

레거시 미디어(legacy media)는 제한된 시간과 자본을 효율적으로 활용하기 위해 기획과 편집, 검증의 절차를 정교하게 설계해야 했다. 정보 접근 비용이 높았던 시절, 저널리즘은 '깊이 있는 탐구'와 '공적 책임'으로 구분되었다.

하지만 오늘날은 다르다. 정보 접근 비용이 낮아지고, 유통 채널이 폭발적으로 늘어나면서 콘텐츠의 형식과 속도가 경쟁력이 되었다. 과거가

"하나의 사실을 깊이 파고드는 구조"였다면, 지금은 "쉽게 얻은 정보를 얼마나 빠르고 넓게 가공·유통하느냐"가 핵심 역량이 되었다.

이 변화는 한편으로 정보의 민주화를 이끌었지만, 다른 한편으로는 가짜뉴스와 조작 콘텐츠의 범람이라는 부작용을 낳았다. AI 기술의 등장으로 이 현상은 더욱 가속화되고 있다. 텍스트, 이미지, 음성, 영상이 실시간으로 합성되고 유통은 알고리즘이 자동으로 돕는다.

결국 '진실'과 '조작'의 경계가 흐려지고, 진실에 닿기 위한 노력이 점점 더 복잡해지고 있다.

AI는 단순히 인간의 반복 업무를 대체하는 수준을 넘어 섰다. 이제는 스스로 질문을 만들고, 답을 탐색하는 자율적 추론(autonomous reasoning)의 초기 단계로 진입하고 있다. 일부 연구에서는 특정 전문 영역에서 AI가 준(準) 전문가 수준의 성과를 내고 있다고 평가한다. 이는 곧 저숙련 노동의 대체와 고숙련 직무의 재편을 동시에 의미한다. 즉, AI는 단순한 도구를 넘어 지식 노동의 구조 자체를 재정의하고 있는 것이다. 이 시점에서 미디어가 놓치지 말아야 할 교훈이 있다. 속도와 효율성이 높아질수록, 사실 확인과 맥락 해석, 책임 있는 서술 같은 저널리즘의 핵심 역량은 더 높은 수준으로 강화되어야 한다는 것이다.

문제는 한국 미디어의 현실이 아직 디지털 전환조차 완성되지 못한 상태라는 점이다. 아날로그 업무 관행, 비표준화된 데이터, 파편화된 CMS, 분리된 취재·편집·배포 공정 등 구조적 문제들이 여전히 존재한다. 그럼에도 불구하고 AI 전환을 미룰 수는 없다. 디지털 인프라 개선과 AI 도입은 선후 관계가 아니라 병행 과제다. 레거시 구조를 혁신하지 않으면 AI 도입은 공허한 구호로 남고, AI를 배제하면 세계의 정보 흐름 속에서 미디어는 고립될 것이다.

AI는 완벽하지 않다.

기업의 윤리 의식이나 기술적 편의만으로는 신뢰를 보장할 수 없다. 따라서 AI 시대일수록 언론 본연의 자생력, 즉 독립성·검증 능력·편집 철학이 더 중요해진다. AI는 미디어를 유토피아로 이끌 수도, 디스토피아로 추락시킬 수도 있다. 그 갈림길을 결정짓는 것은 기술의 수준이 아니라 그 기술을 다루는 철학과 윤리의 깊이다.

흔히 "대중이 미디어를 만든다"고 말하지만, 사실은 미디어가 대중을 만든다. 프레이밍과 의제 설정의 힘이 바로 그것이다. 따라서 미디어가 방향을 잃으면 사회 전체의 인식과 여론 또한 왜곡된다.

진실이 존재하더라도, 그것을 해석하는 과정에서 얼마든지 왜곡이 일어날 수 있다. 기술이 정교해질수록 역설적으로 철학적 소양, 역사 인식, 윤리 감수성이 더 중요해진다. AI가 아무리 빠르고 정교하더라도 그 결과물에 인간의 맥락과 책임이 담기지 않으면 그것은 단순한 데이터 조합에 불과하다. 도구가 강력해질수록 본질을 향한 사유 는 더욱 깊어야 한다.

AI는 정보의 속도와 규모를 바꿔 놓았다. 하지만 신뢰는 속도가 아니라 절차에서 나온다. 사실을 확인하고, 맥락을 밝히며, 책임을 지는 과정이야 말로 언론의 존재 이유다.

기술이 아무리 발달해도 철학과 역사, 윤리와 책임이라는 브레이크가 없다면 미디어는 결국 방향을 잃은 채 속도만 높이는 존재가 될 것이다.

AI는 미디어의 본질을 바꾸는 것이 아니라, 그 본질을 더 잘 수행할 수 있도록 돕는 도구여야 한다. 우리가 도구에 기대어 진실을 잃지 않는 한, 미디어는 변화에 휩쓸리지 않고 오히려 변화를 이끄는 주체로 설 수 있다.

사법정의는 누구를 위한 것인가
- 영화 '부러진화살'을 통해 바라본 사법정의 -

2012년 개봉한 영화 『부러진 화살』은 단순한 법정 드라마가 아니다.

이 작품은 사법 정의에 대한 근본적인 질문을 던지는 사회적 선언문이자, 우리 모두가 속한 시스템의 민낯을 비추는 거울이다.

영화는 2007년 한국 사회를 충격에 빠뜨린 '석궁 테러 사건'을 모티브로 삼는다. 주인공 김경호 교수(김명곤 분)는 대학 입시 문제의 오류를 지적한 뒤 학교로부터 '해교 행위'와 '연구 소홀'을 이유로 부당 해임을 당한다. 그는 교수지위 확인소송을 제기하지만, 1심에 이어 항소심에서도 명확한 사유 없이 기각 판결을 받는다. 절망과 분노 끝에 김 교수는 담당 판사를 찾아가 석궁으로 위협한다.

몸싸움 과정에서 화살이 발사되지만, 화살은 부러지고 끝이 뭉개진 채 증거로 남는다. 그러나 재판에서는 그 결정적 증거인 '부러진 화살'이 사라진다. 사법부는 김 교수의 행위를 '법치주의에 대한 도전'으로 규정하고, 그를 일방적인 테러리스트로 몰아간다. 증거는 모호했고, 증언은 엇갈렸으며, 피고의 결백을 주장할 만한 자료는 번번이 기각되었다. 재판은 이미 '정해진 결론'을 향해 달려가고 있었고, 정의는 법정 어딘가에서 사라지고 말았다.

『부러진 화살』은 한 개인의 분노나 일탈을 넘어 사법제도의 권위주의적 현실을 적나라하게 드러낸다. 법은 공정해야 하지만, 때로는 권력의 언어가 되어 개인의 목소리를 억누른다. 김 교수의 재판이 상징하는 것은 단지 한 사람의 패배가 아니라, 양심이 제도에 의해 짓밟히는 순간의 사회적 풍경이다. 영화 후반부에서 등장하는 '양심 있는 판사'의 재판 기피 장면은 사법부 내부 에도 정의를 고민하는 이들이 존재함을 보여준다. 그러나 그것은 동시에 질문을 던진다. "과연 그 양심은 현실에서 얼마나 설 자리가 있는가?"

오늘날 대한민국의 사법 현실을 마주할 때, 이 영화는 더 이상 과거의 이야기가 아니다. 최근 몇 년간 논란이 되어온 기이한 판결들, 특히 정치권력과 맞닿은 재판에서 드러난 불신은 『부러진 화살』이 예언한 사법의 위기를 다시 떠올리게 한다.

조희대 대법원장, 지귀연 부장판사 등 고위 법관들의 행보를 둘러싼 논란은 국민들로 하여금 다시금 묻게 만든다. "법은 누구를 위한 것인가? 정의는 누구의 편인가?" 사법부는 헌법과 법률에 따라 국민의 기본권을 지키고 정의를 실현해야 할 기관이다.

그러나 권력에 굴복하거나 권위만을 지키기 위해 진실을 외면하는 순간, 사법부는 스스로의 존재 이유를 잃는다. 국민은 더 이상 법을 신뢰하지 않고, 정의는 이름만 남게 된다.

나는 이 영화를 볼 때마다 스스로에게 묻게 된다. "조직이 정한 결정이 개인의 양심에 반할 수 있는가?" "한 명의 판사는 사법부가 정한 방향을 거부하고 정의를 선택할 수 있는가?"

"조직의 논리를 거스르는 개인은 과연 잘못된 것인가?" 이 질문들은 단지 법조인에게만 해당되지 않는다.

우리 모두가 사회 속에서 '조직의 판단'과 '개인의 양심' 사이에서 끊임없이 갈등하는 존재이기 때문이다. 진정한 정의는 판결문에 적힌 문장이 아니라, 그 문장을 써 내려가는 사람의 양심에서 비롯된다. 사람의 양심이 사라진 제도는 살아 있는 법이 될 수 없으며, 그 어떤 법조문도 인간의 도덕적 책임을 대신할 수 없다.

『부러진 화살』이 던지는 가장 큰 메시지는 단순하다. "정의는 완벽하지 않다. 그러나 그것을 회복하려는 용기는 누구나 가질 수 있다."

사법부는 완벽할 수 없다. 어느 조직이든, 어느 제도든 실수를 한다. 하지만 중요한 것은 그 실수를 직시하고, 진실을 바로잡으려는 용기다. 정의는 완벽함에서 비롯되는 것이 아니라, 잘못을 인정하고 바로잡으려는 인간의 노력에서 비롯된다. 지금의 사법부가 해야 할 일은 국민을 설득하는 것이 아니라, 스스로에게 묻는 것이다. "우리는 과연 양심에 따라 판결하고 있는가?"

"우리가 내리는 판단은 국민의 상식과 얼마나 닮아 있는가?"

사법부의 신뢰는 단 한 번의 개혁으로 회복되지 않는다. 그것은 수많은 '양심의 실천'이 쌓여 만들어지는 결과물이다.

한 명의 판사, 한 명의 검사, 한 명의 시민이 자신의 위치에서 '정의로운 판단'을 선택할 때 비로소 사법정의는 현실이 된다. 우리는 법을 신성한 제도로만 보아서는 안 된다. 법은 인간이 만든 규범이며, 인간의 가치가 투영된 사회적 산물이다. 그렇기에 법은 끊임없이 인간의 양심과 사회의 변화에 의해 갱신되어야 한다. 그것이 법치주의의 생명이며, 민주주의의 근간이다.

『부러진 화살』의 마지막 장면은 관객에게 묻는다. "지금의 정의는 누구를 위한 것인가?"

그 질문은 여전히 현재진행형이다. 우리가 사는 사회는 겉으로는 자유롭고, 법은 평등하다고 말한다.

그러나 진실을 말하는 이가 외면당하고, 권력을 향한 비판이 범죄로 몰리는 순간, 정의는 다시금 부러진 화살처럼 꺾여버린다. 사법 정의는 거대한 담론에서 시작되지 않는다. 그것은 한 사람의 양심, 한 판결의 용기, 그리고 진실을 향한 작은 행동에서 시작된다.

『부러진 화살』은 우리에게 그 불편한 진실을 일깨운다. 정의란 완벽한 체계가 아니라, 끊임없이 부딪히고 고쳐나가는 인간의 노력임을.

대한민국 언론의 현실과 극복 방안

대한민국의 언론은 오랫동안 공공의 감시자이자 사회적 기록자로서의 역할을 수행해왔다. 그러나 지금 우리는 근본적인 질문을 던지지 않을 수 없다.

"과연 오늘의 대한민국 언론은 그 본래의 기능을 다하고 있는가?"

언론의 존재 이유는 단순하다.

국민이 사회 현안을 올바로 이해하고 판단할 수 있도록 사실에 근거한 정보를 전달하는 것이다. 유튜브와 SNS 등 다양한 미디어 플랫폼이 넘쳐나는 지금도 전통 언론을 향한 기대가 여전히 남아 있는 이유는 바로 '신뢰성' 때문이다. 언론이 떠도는 정보를 넘어서, 객관적이고 검증된 사실을 전달할 때 비로소 공공적 가치를 회복한다.

하지만 오늘의 한국 언론은 그 신뢰를 잃어가고 있다. 사실보다는 자극을, 균형보다는 편향을, 진실보다는 권력과 자본의 입맛에 맞춘 보도가 늘고 있다. 언론은 국민 의 '알 권리'를 지키는 공공의 감시자이기보다, 때로는 특정 세력의 이익을 대변하는 확성기로 전락하고 있다.

언론의 위기는 단순히 윤리의 문제로만 볼 수 없다.

그 뿌리에는 구조적 병폐가 자리하고 있다. 디지털 전환 이후 전통적인 구독·지면 판매 중심의 수익 구조가 무너지고, 언론은 광고와 협찬에 의존하는 상업 중심 구조로 재편되었다. 이제 광고주는 단순한 후원자가 아니라, 언론사의 생존을 좌우하는 실질적 '권력'이 되었다.

이 구조 속에서 기사 방향은 자연스럽게 기업의 이해관계와 맞물리고,

공익보다 조회수와 클릭률이 우선되는 생태계가 만들어졌다. 언론의 신뢰는 이렇게 상업 논리의 그늘 속에서 서서히 침식되고 있다. 더 큰 문제는 정치적 독립성의 부재다.

방송통신위원회와 방송통신심의위원회 등 언론을 감시하고 조정해야 할 국가 기관조차 대통령의 인사권과 정치적 구조에 종속되어 있다. 결국 언론 권력을 견제해야 할 시스템이 또 다른 권력의 영향력 아래 놓인 셈이다. 이 상태에서 언론의 공정성은 제도적으로 보장받기 어렵다.

여기에 기술의 급속한 발전이 새로운 위기를 더했다.

딥페이크, 생성형 인공지능, 자동 기사 생성 기술 등은 정보의 생산 속도와 규모를 비약적으로 확대시켰다. 하지만 그만큼 허위정보와 조작 콘텐츠의 확산도 가속화되 었다. 가짜 영상과 왜곡된 음성, 조작된 이미지가 실시간으로 대중의 인식을 흔들고 있다. 이럴수록 국민은 언론의 검증 기능에 더 의지할 수밖에 없다. 그러나 정작 언론이 그 신뢰를 잃었다는 사실은 우리 사회 전체에 심각한 불안정성을 초래한다.

대한민국 언론이 본래의 자리로 돌아가기 위해서는 부분적 개혁이 아니라 구조적 혁신이 필요하다. 그 핵심은 다음의 세 가지에 있다.

첫째, 상업 논리로부터의 독립

광고와 기업 후원에 지나치게 의존하는 구조를 벗어나야 한다.

공공기금을 통한 독립언론 지원 제도, 공영미디어의 자율성 강화, 지역 언론에 대한 지속 가능한 재정 지원 등이 필요하다. 언론이 기업의 이해가 아니라 공공의 이익에 따라 움직일 수 있어야 한다.

둘째, 허위보도에 대한 실질적 책임 강화

명백한 허위보도나 왜곡 기사에 대해서는 징벌적 손해배상제와 정정보도 의무를 철저히 이행해야 한다. 이는 언론을 억압하기 위한 제재가 아니라, 언론의 윤리 회복을 위한 최소한의 안전장치다.

셋째, 정치 권력으로부터의 독립

대통령 임명 구조에 종속된 현행 언론감시기구는 중립성과 신뢰를 확보할 수 없다. 정치권력의 영향에서 자유로운 독립적 감시기구가 필요하다. 언론의 공정성은 개인의 양심이 아니라 제도적 중립성으로 보장되어야 한다.

대한민국 국민의 다수는 여전히 언론의 보도를 통해 세상을 이해하고 사회를 판단한다. 그만큼 언론의 역할은 막중하며, 책임은 무겁다. 언론이 다시 국민의 신뢰를 얻기 위해서는 상업주의도, 정치적 충성도 아닌 진실과 공익을 향한 기본 소명으로 돌아가야 한다. 진실을 말하는 용기, 권력 앞에서 흔들리지 않는 윤리, 국민을 향한 겸손한 자세. 이 세 가지가 대한민국 언론이 되찾아야 할 본질이다.

고립·은둔청년, 사회가 놓친 목소리

대한민국은 눈부신 경제 성장과 기술 발전의 이면에 보이지 않는 사회적 고립의 그림자를 안고 있다. 그 중심에 있는 이들이 바로 '고립·은둔청년'이다. 통계로 대한민국 청년 중 *6% 정도로 추정되고 있는 분명히 우리 사회의 일원이다.[2]

그러나 구조적 불평등, 정서적 단절, 사회적 낙인이라는 삼중의 벽 앞에서 점점 더 사회의 경계 밖으로 밀려나고 있다.

은둔청년 현상은 단일한 원인으로 설명될 수 없다. 그것은 학력·직업 중심 사회의 구조적 낙인, 실패에 대한 과도한 자책, 정신건강 문제의 방치, 가족 내 돌봄의 부재, 경제적 불안정 등 복합적인 요인의 결과이다. 현대 사회는 기술의 급격한 발전과 정보의 과잉 속에서 끊임없이 변화를 강요한다. 성과 중심의 경쟁 사회는 청년들에게 '성공 이외의 삶'을 상상할 여유조차 주지 않는다. 실패는 곧 낙오로 간주되고, 낙오는 곧 사회적 배제다. 게다가 부모의 사회·경제적 배경은 출발선의 불공정을 심화시키며, 청년들은 불안·좌절·무력감 속에서 자신의 방, 자신의 세계로 숨어들게 된다. 결국 은둔청년은 개인의 문제가 아니라, 불평등하고 불안정한 사회 구조의 부산물이다.

은둔청년을 단순히 '게으름'이나 '의지 부족'으로 판단하는 것은 심각한 오해다. 이들은 대체로 내면의 상처, 사회에 대한 공포, 부적응과 소외를 경험하고 있다. 자존감은 무너지고, 세상과의 연결고리는 약해지며, 결국 심리적 고립이 지속된다.

---

2 (2025년 통계자료)

그 결과, 정신건강 악화와 경제적 취약성, 그리고 장기적으로는 사회적 비용의 증가로 이어진다. 이러한 청년들의 고립과 절망은 OECD 국가 중 자살률 1위라는 대한 민국의 현실과 무관하지 않다. 게다가 초고령화와 저출산으로 경제활동 인구가 줄어드는 시점에서 사회적 동력인 청년층의 이탈은 결국 국가의 지속 가능성 자체를 위협하는 문제다.

무엇보다 중요한 것은, 은둔청년을 "개인의 선택"이 아니라 "사회적 현상"으로 인식하는 일이다. 그들을 사회의 문제로 바라보는 순간, 비로소 해결의 실마리가 열릴 수 있다.

은둔청년은 모두 같은 조건에 놓여 있지 않다. 정책적 접근을 위해서는 세분화된 유형 분류가 필요하다. 이는 낙인을 위한 구분이 아니라, 맞춤형 지원 정책의 출발점이 되어야 한다.

· 1단계: 극심한 내면 고립형
  - 특징: 우울·불안 등 정신질환 동반, 자기비판적 사고, 현실 회피
  - 필요 조치: 정신과 치료, 장기적 심리상담, 의료 기반 개입
· 2단계: 사회 활동 단절형
  - 특징: 제한적 대인관계, 사회적 접촉 기피, 특정 영역에만 몰두
  - 필요 조치: 커뮤니티 참여 유도, 대인관계 훈련, 멘토링 프로그램
· 3단계: 사회 부적응형
  - 특징: 단기 근로 가능, 외부 세계와의 접점은 있으나 자책·불만 심화
  - 필요 조치: 직업 재적응 훈련, 심리상담 병행, 사회 통합 프로그램

이러한 분류는 청년 개개인을 동질화하기 위한 것이 아니라, 사회

복귀 과정의 '경로 설계도'로 활용하기 위한 것이다.

은둔청년 문제는 복지정책의 하위 항목이 아니라 사회 통합 전략(Social Integration Strategy)으로 접근해야 한다.

첫째, 사회적 관점의 전환을 통하여 은둔청년 정책은 단순한 일자리 제공이나 상담 지원이 아니라, 자기 존중감 회복과 공동체 복귀를 목표로 해야 한다.

둘째, 지역 기반 회복 프로그램 강화을 통하여 지역 청년센터, 마을공동체, 문화공간 등을 중심으로 청년이 스스로의 리듬을 회복하고 '쉼과 틈'을 찾을 수 있는 사회적 루틴을 설계해야 한다.

셋째, 교육 시스템의 변화을 통하여 학력·성적 중심의 평가체계를 벗어나 실패를 감내하고 다양한 삶을 존중하는 교육문화를 만들어야 한다. 청년이 '다르게 사는 것'을 실패로 보지 않는 사회, 그런 사회가 바로 건강한 사회다.

넷째, 지방정부 중심의 실질적 대응을 통하여 중앙정부는 기준과 예산을 마련하고, 실행은 지역 단위에서 이루 어져야 한다. 각 지방정부가 은둔청년 지원 조례를 제정하고 지역 특성에 맞는 맞춤형 프로그램을 운영할 필요가 있다.

은둔청년 문제는 단지 개인의 고립이 아니다. 그것은 우리 사회가 더 이상 청년에게 '희망'이라는 공통분모를 제공하지 못하고 있다는 신호다. 이들은 사회의 가장 약한 고리이자, 동시에 사회의 온도를 가늠하는 민감한 경고 등이다.

이 경고를 무시한다면, 그 피해는 결국 우리 모두에게 돌아올 것이다.

독립청년 주거 환경 개선 사업
- 노후주택 리모델링형 주거 혁신 정책 -

대한민국의 청년들은 오늘날 가장 기본적인 삶의 기반인 '집'을 마련하는 데에도 큰 어려움을 겪고 있다. 1인 가구가 급증하고, 특히 청년층의 자가보유율은 여전히 낮은 수준에 머물러 있다. 이러한 현실로 독립 청년의 나이는 점차 늦춰지고 있고, 사회적 독립의 기회가 박탈되 고 있다. 높은 전·월세와 불안정한 임차 구조는 청년의 자립을 가로막고, 결국 "사는 곳이 곧 불안의 상징"이 되어 버린 현실이다.

이 문제를 해결하기 위해 제안하는 정책은 단순한 주택 지원이 아니라, 노후주택을 청년의 감각과 창의성으로 다시 살리는 사회혁신 프로젝트가 필요하다.

이 정책은 방치된 노후주택을 리모델링해 청년 1인 가구에게 합리적인 가격으로 제공하는 것을 목표로 한다. 핵심은 단순히 공간을 제공하는 데 그치지 않는다. 이 사업은 청년의 참여를 중심에 두고, 주거 안정·도시재생·일자리 창출을 동시에 이루는 '3중 혁신 모델'을 지향한다. 노후주택을 단순한 낡은 건물이 아닌 '청년의 감성과 손길로 되살릴 수 있는 자산'으로 본다는 점이 기존의 공공임대 정책과 가장 큰 차별점이다.

지자체나 민간이 보유한 노후주택과 공실을 대상으로 안전 점검 후 리모델링을 지원한다. 벽지, 바닥, 단열, 방음 등 기초 인테리어 개선뿐 아니라, 청년의 생활 스타일에 맞춘 감각적이고 실용적인 주거 공간으로 탈바꿈시킨다. 리모델링 과정은 국가·지자체·민간이 협력하는 공공-민간 파트너십 구조로 운영되며, 청년은 단순 입주자가 아니라 공간의 기획자이자 설계자로 참여한다.

청년들이 직접 주거 디자인과 시공에 참여하는 참여형 리빙랩 방식을 도입한다. 이 과정에서 인테리어·건축 관련 전공자, 청년 창업팀, 지역 사회적 기업 등이 협업하여 자신의 역량을 현장에서 발휘하고, 이를 바탕으로 새로운 일자리와 창업 창출한다. 즉, 이 정책은 단순히 '집을 얻는 사업'이 아니라 청년이 직접 도시를 재생하고 스스로 일자리를 만들어가는 과정이기도 하다.

노후 건물의 가장 큰 문제인 방범 취약과 층간소음 문제도 지원금과 기술을 활용해 개선한다. 이는 물리적 안전뿐 아니라 심리적 안정감을 회복시키는 과정이기도 하다. 나아가 입주 청년들 간의 커뮤니티 형성을 통해 고립된 1인 청년가구의 사회적 연결망을 회복할 수 있도록 한다.

이 정책의 가장 큰 차별성은 청년을 정책의 수혜자가 아닌 '주체'로 세운다는 점이다. 청년이 직접 도시의 공간을 재생하고, 그 과정에서 자신의 일자리와 정주 기반을 만들어간다.

또한, 단순한 공공임대 확대가 아니라 지역의 방치된 주택 자원을 활용하여 지방 소멸과 도시 쇠퇴 문제를 동시에 대응한다. 도시 재생과 청년 주거 문제를 하나의 정책으로 엮은, 지속 가능한 사회혁신 모델이라 할 수 있다.

따라서 다음과 같은 기대효과를 나타 낼 것이라고 기대한다.

첫째, 청년의 주거비 부담 경감과 자립 촉진이 가능할 것으로 기대한다. 리모델링된 주택은 합리적인 임대료로 제공되어 청년의 주거 안정과 자산 형성의 기초가 된다.

둘째, 도시 재생과 지역경제 활성화가 가능할 것이다. 버려진 주택이 다시 살아나고, 지역의 생활환경과 도시 미관이 개선되며 지역 내 일자리가 창출된다.

셋째, 청년 창업·고용 기회 확대가 기대된다. 청년이 직접 설계와 시공에 참여함으로써 인테리어·건축·디자인 분야의 창업 생태계가 형성된다.

넷째, 지방 정착 유도와 인구 균형 회복이 활성화 될 것으로 기대한다. 지방의 노후주택이 청년의 보금자리로 변모하면서 청년 인구의 지방 유입이 촉진되고, 지역사회가 다시 활력을 찾게 된다. 결국 이 정책의 궁극적인 목표는 단순히 낡은 집을 고치는 것이 아니라 그것은 삶의 공간을 다시 짓고, 청년과 지역, 세대와 세대를 잇는 관계를 복원하는 일이다.

2030 남성 세대, 잃어버린 균형의 세대

오늘날 대한민국의 2030 남성들은 깊은 혼란과 피로 속에 서 있다. 이 글은 그들의 어려움을 특정 성별의 문제로 규정하려는 것이 아니라, 한국 사회가 청년 세대에게 안겨준 구조적 부담을 진단하고자 하는 시도다. 즉, '남성의 문제'가 아니라 '청년이 겪는 불평등의 한 단면'으로서 이 현상을 바라보고자 한다.

현재의 2030 남성 세대는 부모 세대와 전혀 다른 사회 경제적 환경에 놓여 있다. 그들의 부모가 경험한 시기는 고도성장기였다. 노력하면 삶이 개선되고, 일자리는 안정적이었으며, 주거와 결혼은 가능한 목표였다. 그러나 지금의 청년 세대는 저성장·고물가·고용 불안이라는 삼중고 속에 있다. 산업구조는 빠르게 변하고, 기술은 일자리를 대체하며, 기존 세대가 제시한 성공의 공식은 더 이상 유효하지 않다.

이로 인해 많은 청년 남성들은 "성실히 노력해도 기회가 보상되지 않는다"는 상대적 박탈감을 경험한다. 특히 결혼과 주거, 안정적 직장이라는 사회적 기준이 현실적으로 달성하기 어려운 목표가 되면서 개인의 능력보다 부모의 경제력이 삶의 질을 결정짓는 현실이 강화되고 있다.

이 과정에서 청년들은 사회적 경쟁이 공정하지 않다고 느끼고, 자존감의 손상과 심리적 피로를 호소하게 된다.

최근의 정책 환경은 여성, 장애인, 사회적 약자 등 특정 집단의 보호와 권익 증진에 집중되어 왔다. 이는 사회적 정의 실현을 위한 긍정적 변화이지만, 일부 청년 남성들은 그 과정에서 자신들이 배제되고 있다고 인식한다.

이 인식이 누적되면, 사회적 신뢰의 기반이 흔들리고 젠더 간의 대립 구조가 고착화될 위험이 있다. 청년 세대의 어려움을 성별로 나누어 다루는 것은 결국 문제의 본질을 흐리고, 세대 전체의 연대를 약화시킨다. 따라서 정책은 성별이 아니라 세대의 구조적 불평등에 초점을 맞춰야 한다.

청년층 전체가 공감할 수 있는 공정한 기회 구조, 취업· 주거·복지·병역 보상 등 사회 전반의 균형 회복이 절실하다.

2030 남성들의 인식과 정서는 언론 보도와 온라인 커뮤니티의 담론 구조에서도 큰 영향을 받는다. 일부 언론은 청년 남성을 "게으르다"거나 "기성세대와 대립한다"는 이미지로 단순화하여 묘사하곤 한다. 한편 온라인에서는 페미니즘, 병역, 공정 문제를 둘러싼 논쟁이 감정적 대립의 장으로 변질되었다.

이러한 미디어 환경은 사회적 토론의 공간을 협소하게 만들고, 청년 남성들의 불안과 분노를 공감이 아닌 분리의 언어로 표출하게 한다. 결국 '공정의 회복'이라는 청년 세대의 공통된 요구조차 젠더 논쟁 속에 묻혀버리고 만다.

이 문제를 풀기 위한 첫걸음은 '남성과 여성의 대립 구도', '세대 간의 갈등 대립 구도'를 벗어나는 것이다. 청년 세대가 겪는 어려움은 성별의 문제가 아니라 세대 구조의 문제다. 공정한 취업 기회, 안정적 주거 환경, 병역에 대한 합리적 보상, 심리·정서적 지원 체계의 확충은 모든 청년에게 필요한 사회적 기반이다. 또한 정부와 사회는 청년 세대와의 직접적인 소통을 통해 단순한 행정적 지원을 넘어 '공감 기반 정책'으로 나아가야 한다. 청년이 스스로 정책 설계와 논의 과정에 참여하는 구조가 마련되어야 한다. 정책은 숫자가 아니라 삶의 언어로 설명될 수 있을 때 진정성을 가진다.

2030 남성 세대의 어려움은 '남성의 위기'가 아니라 '청년 사회의 균열'이다. 그들은 변화하는 사회 구조의 가장 앞에서 경제적 불안, 정체된 계층 이동, 불공정에 대한 감각, 그리고 상실된 소속감이라는 복합적 문제를 감당하고 있다. 이제 필요한 것은 서로를 비난하는 담론이 아니라, 세대를 잇는 대화와 이해의 복원이다. 남성과 여성, 청년과 기성세대 모두가 서로의 불안과 좌절을 공감할 수 있을 때, 우리 사회는 진정한 연대의 길로 나아갈 수 있다.

초고령사회 진입

2024년 12월 23일, 대한민국은 공식적으로 '초고령사회'에 진입했다. 행정안전부에 따르면, 65세 이상 인구는 1,024만 4,550 명으로 전체 주민등록인구 5,122만 1,286명의 20%를 넘어섰다. 2017년 '고령사회'로 분류된 지 불과 7년 만의 일이다.

이는 통계 이상의 상징적 사건이다. 대한민국이 근대화 이후 한 세대만에 경험하는 가장 급격한 사회구조의 변화를 뜻하기 때문이다.

한때 '젊은 나라'로 불리던 한국은 이제 세계에서 가장 빠른 속도로 늙어가는 나라가 되었다. 이 변화의 핵심에는 저출산의 고착화가 있다. 2023년 합계출산율은 0.723명, 2024년에도 0.79명에 불과했다. 소폭 상승했지만 여전히 '0명대 출산율'이라는 사실은 우리 사회가 직면한 구조적 위기의 깊이를 보여준다. 출산율의 하락은 단순히 인구 통계의 문제가 아니다. 그것은 청년 세대가 결혼과 양육을 선택하기 어려운 사회 환경, 그리고 삶의 불안정성에 대한 집단적 신호이기도 하다.

많은 사람들은 "로봇과 인공지능이 사람을 대체할 것"이라 말하지만, 그 모든 기술을 설계하고, 운용하고, 책임지는 존재는 결국 인간이다. 아무리 시스템이 자동화되더라도 그 시스템의 목적과 가치는 인간이 정의해야 한다. 국가의 생산력과 사회의 활력은 결국 사람으로부터 나온다. 노동과 소비, 돌봄과 문화, 교육과 창조 이 모든 사회의 유기적 순환은 국민의 생명력을 기반으로 한다. 따라서 인구 구조의 급격한 불균형은 경제뿐 아니라 문화·정신·공동체의 기반을 약화시키는 위기다.

출산은 더 이상 단순히 "아이를 낳을 것인가"의 문제가 아니다.

이는 경제, 주거, 교육, 복지, 문화 전반에 걸친 사회적 합의의 결과물이다. 청년 세대가 안정된 일자리와 주거를 확보하지 못하고, 돌봄의 책임이 개인에게 집중되는 한, 어떠한 출산 장려 정책도 근본적인 해법이 될 수 없다.

이제 저출산 대책은 복지정책의 하위 항목이 아니라 국가 시스템 전반의 구조 개편 과제로 다뤄져야 한다. 삶의 방식과 가치관, 세대 간 연대의 방식까지 새롭게 설계해야 할 시점이다.

초고령사회는 단지 노인이 많아진 사회가 아니다.

그것은 곧 '다사사회(多死社會)', 즉 사망 인구가 출생 인구를 넘어서는 시대의 도래를 의미한다. 이제 우리는 '탄생보다 죽음이 많은 사회'를 살아가야 한다. 이 변화는 복지와 의료의 문제가 아니라, 존엄한 삶과 죽음의 문제, 그리고 세대 간 책임의 구조를 어떻게 재정의할 것인가의 문제다. 고령화는 필연적이지만, 그 대응은 선택의 문제다. 우리가 어떤 가치 위에 사회를 재편하느냐에 따라 '초고령사회'는 위기가 아니라 새로운 가능성이 될 수 있다.

이제 대한민국은 성장의 패러다임을 바꿔야 한다.

단순한 출산율 제고를 넘어, 모든 세대가 존엄하게 살아갈 수 있는 사회적 기반을 만들어야 한다. 노년층이 사회의 부담이 아니라 경험과 지혜의 자산으로, 청년층이 불안의 상징이 아니라 창의와 도전의 동력으로 설 수 있도록 세대간 협력 구조를 설계해야 한다.

초고령사회는 끝이 아니라 새로운 시대의 시작이다. 급격한 인구 변화는 우리에게 불편한 진실을 던지지만, 동시에 새로운 사회 구조를 설계할 기회이기도 하다. 지금 필요한 것은 단순한 대책이 아니라 전환의 상상력이다. 우리는 다사사회를 준비하면서도, 국가주도의 기본사회를 통하여 생명의 존엄과 세대의 연대를 지키는 길을 찾아야 한다.

우리 민족, 조선족과 고려인을 다시 바라보다

요즘 대한민국에서 '조선족'이라는 단어를 들으면 많은 이들이 가장 먼저 떠올리는 이미지는 '범죄'와의 연관성 일지 모른다.

'고려인'이라는 단어는 그보다 더 낯설고, 어딘가 거리감 있게 느껴지기도 한다. 그러나 이러한 인식은 그들이 걸어온 역사와 현실을 단편적으로만 바라본 결과다.

이 글에서는 조선족과 고려인의 역사적 배경을 통해, 왜 우리가 이들을 '우리 민족'으로 다시 바라봐야 하는지를 이야기하고자 한다.

조선족은 중국 국적을 가진 한민족 혈통의 소수민족으로, 주로 중국의 동북 3성(길림성·요녕성·흑룡강성), 즉 옛 간도 지역에 거주하고 있다.

현재 약 180만 명의 인구가 형성되어 있으며, 언어와 문화, 생활양식 전반에 걸쳐 한민족의 전통을 이어오고 있다.

흥미로운 점은 이 지역이 단순한 '해외 거주지'가 아니라, 고구려·발해·조선의 역사 속에서 수천 년 동안 우리 민족이 살아온 터전이었다는 사실이다. 즉, 조선족은 '타국의 소수민족'이 아니라, 우리 역사의 연속성을 오늘까지 지켜온 국경 밖의 동포라 할 수 있다.

1909년 일본과 청나라가 체결한 '간도협약'은 일본이 만주 철도 부설권을 얻는 대가로 간도를 청나라의 영토로 인정한 불평등 조약이 시작이었다. 당시 대한제국은 이미 외교권을 박탈당한 상태였기에 협상에 참여조차 할 수 없었고, 그 결과 간도에 거주하던 조선인들은 하루아침에 '중국 소수민족'이 되어야 했다. 이후 일제강점기와 한국전쟁, 급격한 산업화의 과정을 거치며 대한민국은 국외 동포를 돌볼 여유를 잃었고, 그들은 오랫동안 고향의 품에서 잊혀진 채 홀로 살아 남아 야 했다.

조선족의 역사는 "민족의 이산(離散)" 그 자체였던 것이다.

'고려인'은 구(舊)소련 지역에 거주하는 한민족을 지칭한다.

그들의 역사는 1860년대 두만강을 건너 연해주로 이주한 조선 농민들로부터 시작되었다. 하지만 1937년, 스탈린 정권의 강제 이주 정책으로 약 17만 명의 고려인들이 아무런 준비 없이 중앙아시아로 쫓겨나 황무지에서 생존을 위한 처절한 투쟁을 벌여야 했다. 그들은 언어와 문화의 단절 속에서도 '조선 사람'이라는 정체성을 포기하지 않았고, 오늘날 러시아·우즈베키스탄·카자흐스탄 등지에서 약 50만 명이 여전히 살아가고 있다. 그들은 국적은 달라도, 여전히 '조선의 피'를 지닌 사람들이다.

최근 일부 언론과 온라인 커뮤니티에서는 조선족을 '범죄 집단'처럼 묘사하는 보도가 빈번하게 등장한다. 그러나 이는 사실의 일부만을 과장하고, 사회적 편견을 확대 재생산하는 왜곡된 시각이다. 물론 조선족 사회 내 일부 범죄 사례가 존재하지만, 그것을 전체 집단의 정체성과 동일시하는 것은 결국 또 다른 차별을 낳는 폭력이다. 그들은 수십 년간 경제적 소외, 문화적 차별, 법적 불안정 속에서도 정체성을 지키며 살아온 사람들이다. 조선족과 고려인을 향한 부정적 인식은 단지 '그들의 문제'가 아니라, 우리 사회가 타인과 다름을 포용하지 못하는 자화상이기도 하다.

오늘날 중국은 '동북공정'과 '일대일로(一帶一路)' 사업을 통해 조선족과 고려인을 '중국의 소수민족'으로 포섭하며, 대한민국의 역사적 정체성과 문화적 뿌리를 흔드는 전략적 시도를 이어가고 있다.

중국은 고구려·발해의 역사를 자국사에 편입하고, 조선족의 문화를 중국 문화의 일부로 정의함으로써 동북아 지역의 역사 주도권을 장악하려 한다. 이는 단순한 역사 논쟁을 넘어, 정체성과 영토, 외교 인식까지 연결된 문화 안보의 문제다.

그런데 한국 사회가 조선족과 고려인을 배척하고 혐오정서를 조장하는 것은, 결국 중국의 역사 왜곡과 사회 분열 전략에 스스로 동조하는 행위가 된다. 즉, 조선족과 고려인을 외면하는 것은 우리 민족의 뿌리를 약화시키고, 역사적 주권을 스스로 내어주는 일과 다르지 않다.

조선족과 고려인이 주로 거주하는 지역은 중국과 러시아, 즉 한반도 주변 강대국의 세력권 안에 있다. 남북 분단 이후, 한국은 이들과의 직접적 교류가 제한되었고 북한 역시 이들을 전략적 수단으로만 접근해 왔다. 결국 이들의 정체성과 권리를 회복하기 위해서는 남북간 협력이 전제되어야 한다. 이는 단순한 외교나 출입국 정책 의 문제가 아니라, 민족 재통합의 과정이며, 한반도의 평화 체제가 안착될 때 비로소 디아스포라의 상처 또한 치유될 수 있다.

조선족과 고려인은 국적은 다르지만, 그 뿌리와 기억은 우리와 하나다. 그들은 제국주의와 냉전, 분단의 소용돌이 속에서 이방인이 되었지만, 스스로를 '조선사람'이라 부르며 정체성을 지켜왔다.

그들은 단순한 외국인 노동자나 이민자가 아니라, 역사의 비극을 온몸으로 견뎌낸 우리의 또 다른 얼굴인 것이다. 그들을 이해하는 일은 역사적 책임이자, 분단된 민족의 상처를 회복하는 첫걸음이다.

조선족과 고려인을 향한 이해는 시혜적 태도가 아니라 역사와 정체성을 바로 세우기 위한 우리 사회의 과제이다.

그들은 대한민국이 직면한 저출산, 노동력 부족, 사회적 갈등 해소 등 현실적인 문제 해결에도 중요한 역할을 할 수 있는 공동체의 자산이다.

지금 필요한 것은 배척이 아니라 이해와 포용, 편견이 아니라 연대와 협력이 논의되어야 된다.

통일/외교/안보

대한민국헌법상 국민의 4대 의무, 국방의 의무

대한민국 헌법 제39조는 "모든 국민은 법률이 정하는 바에 의하여 국방의 의무를 진다"고 명시하고 있다. 그러나 현실에서 국방의 의무는 직업군인 혹은 징병된 남성의 몫으로 한정되어 이해되는 경우가 많다. 이제 우리는 국방의 개념을 단순한 '군 복무'의 차원을 넘어, 국가 공동체를 지탱하는 국민 전체의 책무로 다시 바라봐야 한다.

2025년 현재, 한반도는 전쟁이 끝난 나라가 아니라 전쟁이 멈춰 있는 나라다. 정전협정 이후 80년이 지났지만, 평화협정이 체결된 적은 없다. 즉, 대한민국은 여전히 법적으로 휴전 상태에 놓여 있다.

그럼에도 대부분의 국민은 "전쟁의 가능성은 없다"고 인식한다. 경제성장과 글로벌 문화의 확산 속에서 국방은 점차 개인의 삶과 분리된 영역으로 밀려났다. 하지만 전시작전통제권조차 자국이 완전히 보유하지 못한 현실, 북한의 핵·미사일 고도화, 주변국의 군사 경쟁 심화 등을 고려하면 국방의식의 약화는 단순한 인식의 문제가 아니라 국가 존립의 근본을 흔드는 구조적 위험으로 이어질 수 있다.

국방의 의무는 총을 드는 군인에게만 국한되지 않는다. 그것은 전쟁과 평화를 대비해 국가를 유지·보호하기 위한 모든 국민의 책무다. 따라서 "모든 국민이 군 복무를 해야 하는가"라는 단순한 논의로 축소될 문제가 아니다. 오히려 우리는 국방 참여의 새로운 형태, 즉 '국민 안보 참여 시스템'으로의 전환을 고민해야 한다.

이는 병역, 사회복무, 예비군, 민방위, 정보기술·의료·구호 분야 등 각자의 전문성과 여건에 맞춰 국가 안보에 기여할 수 있는 다층적 국방 참여 구조로 설계될 수 있다.

대한민국은 빠른 저출산과 인구 감소로 병역 자원이 급격히 줄고 있다. 병력 부족이 국가 안보의 취약성으로 이어질 수 있다는 우려가 커지며, 일각에서는 여성 징집제나 국방세 도입 같은 방안이 거론된다. 그러나 이러한 논의는 사회적 합의 없이 추진될 경우 오히려 성별 갈등과 사회 분열을 초래할 수 있다. 그보다는 사회적 공감대와 현실적 효율성을 기반으로 한 새로운 참여형 국방체계가 필요하다.

따라서 새로운 형태의 사회복무형 국방 개혁이 필요하다.

첫째, 현재의 남성 중심 징병제를 대체하는 방안이 아니라, 보완적이고 다층적인 국방 인력 체계를 구축해야 한 다. 예를 들어 일정 기간(3~6개월 이상) 여성을 포함한 국민이 자율적으로 참여하는 '사회복무형 국방 프로그램'을 운영할 수 있다. 이는 후방 부대, 행정 지원, 의료·정보·물류·심리전 등 비전투 분야에서 전문 인력을 확보함으로써 군의 효율성을 높이고, 국민 모두가 국방의 일원으로 참여하는 새로운 형태의 안보 문화를 정착시킬 수 있다.

이를 통해 단순한 병력 보충이 아니라 국민 전체가 안보 의식을 공유하는 참여형 국방 체제로 발전시킬 수 있을 것이다.

둘째, 기초 군사훈련 체계의 현실화이다. 현행 기초 군사 훈련은 대부분 전투 중심으로 구성되어 있다. 그러나 비전투 인력이나 사회복무요원에게는 그에 맞는 별도의 실질적 교육 과정이 필요하다.

예를 들어 사격, 각개전투 등 전투과제를 축소하고, 대신 응급처치, 화생방 대처, 재난 대응, 심리전, 사이버 안보 등 현대적 안보 역량 중심의 교육과정을 도입할 수 있다. 이러한 체계 전환은 교육 자원의 낭비를 줄이고 국방을 단순한 군사행위가 아닌 국가 생존 시스템 전반의 학습으로 확장시키는 계기가 될 것이다.

이 외에도 저출산, 전장의 디지털화 등 새로운 시대에 맞는 군사 체계에 대한 논의를 통해 사회적 합의와 미래적 안보 태세를 갖추기 위한 노력이 필요하다.

물론 이러한 변화에는 갈등이 따를 것이다. 징병제의 성별 형평성, 사회복무제의 효율성, 예산과 제도 설계 등 복잡한 논의가 필요하다. 그러나 중요한 것은, 이 논의를 더 이상 미루지 말아야 한다는 점이다. 국방의 문제는 특정 세대나 성별의 책임이 아니라 대한민국의 미래를 위한 공동의 과제이기 때문이다. 국방은 더 이상 '의무'로만 인식되어서는 안 된다. 그것은 자유와 평화를 지탱하는 공동체적 책임, 그리고 시민 의식의 완성형으로 자리매김해야 한다.

국민 모두가 안보의 주체로 앞으로의 국방은 "총을 드는 사람"의 전유물이 아니라, "국가를 지탱하는 모든 사람"의 책무가 되어야 한다. 전투, 행정, 복지, 기술, 의료, 정보의 모든 분야가 국가 안보의 일부분이다.

"국방의 의무란 나라를 지키는 일이 아니라, 서로의 생명을 지켜내는 일이다."

대한민국은 지금, 새로운 안보의 정의를 써내려가야 한다. 국방의 미래는 국민 전체가 참여하고 공감하는 포용적 안보 공동체로 나아가는 길 위에 있다.

안보의 허리 초급간부의 급감… 군 기피현상 극복방안

국방의 의무는 헌법이 정한 대한민국 국민의 4대 의무 중 하나이다. 그러나 지금 우리 사회가 군을 바라보는 시각은 점점 왜곡되어 가고 있다. 국방의 의무는 '국가를 지키는 숭고한 책무'라기보다, 취업이 어려운 청년들이 어쩔 수 없이 선택하는 기피성 일자리, 혹은 커리어 공백을 메우기 위한 일시적 경력 단계로 인식되는 경우가 많다. 이러한 인식의 확산은 단순한 세대적 인식 변화가 아니라, 군 조직의 구조적 위기로 이어지고 있다.

현재 대한민국 군 조직의 초급간부 체계는 심각한 인력난에 직면해 있다. ROTC·학사장교·부사관 등 모든 간부 선발 경로에서 지원율이 급락하고 있으며, 특히 부사관 지원자는 최근 5년간 절반 이상 감소했다. 병사 월급은 국가의 보훈·복지 차원에서 크게 인상되었지만, 간부는 여전히 열악한 급여와 과중한 책임, 불안정한 장기복무 구조 속에 놓여 있다.

이로 인해 간부의 사기 저하는 물론, 지휘체계의 균열과 작전 효율성 저하라는 실질적 전력 약화로 이어지고 있다.

이 위기를 타개하기 위한 현실적인 방안 중 하나는 군복무 가산점 제도의 재도입이다. 단, 과거의 단순한 병역 보상 정책을 되풀이하는 것이 아니라 간부 복무자에 한정한 정교한 제도 설계가 전제되어야 한다. 청년들이 군 간부 진출을 꺼리는 이유는 명확하다. 열악한 복무 환경, 낮은 급여, 불확실한 진로, 그리고 복무 후 사회 복귀 시 인정받지 못하는 경력 구조 때문이다.

병 복무가 '국가공헌'으로 재조명되고 복지 향상을 이루는 동안, 간부는 여전히 "희생의 상징"으로만 남아있다. 군복무 가산점은 이러한 불균형을 바로잡고, 간부 복무의 가치를 제도적으로 인정하는 상징적 장치가 될 수 있다.

복무 기간과 직책에 따라 공공기관 및 민간기업 입사시 일정 비율의 가산점을 부여한다면, 유능한 청년들에게 군 간부는 더 이상 '희생의 자리'가 아니라 '하나의 경력 경로'로 인식될 수 있다.

군복무 가산점 제도는 1990년대 도입되었으나, 여성단체의 반발과 헌법재판소의 위헌 판결로 폐지된 바 있다. 이는 제도가 보편적 평등 원칙에 위배되었다는 문제 때문이었다. 따라서 과거의 단순 병역 가산점 제도와 달리, 이번에 논의되는 제도는 직업군인으로 일정 기간 이상 복무한 간부에게만 적용하는 형태로 제한해야 한다. 이는 남녀 간의 형평성 문제가 아닌, 국가 공공직 수행에 대한 직무 기반 보상체계로 이해되어야 한다.

결국 핵심은 성별이 아니라 공공서비스의 본질적 가치이다. 소방·경찰·의료·교육 등 공공안전 분야 종사자에게 복무 특전이 인정되듯, 국방의 최전선에서 복무한 간부에게 합당한 보상을 부여하는 것은 공정한 사회적 보상 구조의 확립에 해당한다.

이 제도의 실효성을 확보하기 위해 다음과 같은 방향이 필요하다.

복무 기간별 차등 인센티브 부여를 통하여 일정 기간 이상 복무한 간부에게 단계적 가산점을 적용해 복무 기간이 길수록 사회 진출 시 혜택이 강화되도록 설계한다.

군-공공기관-민간 연계 시스템 구축이 필요하다. 국방부 와 공기업, 민간 대기업이 협력하여 퇴역 간부가 군에서 습득한 리더십과 관리 역량을 민간 경력으로 인정받을 수 있는 전환 프로그램을 마련한다. 복무 역량 인증체계 도입이 필요하다. 리더십, 기술, 관리, 전략능력 등 간부로서의 경험을 공인된 인증제도로 평가하여 사회적 자산으로 전환한다.

대한민국의 국방력은 단순히 병사의 수나 무기체계에 의해 유지되지 않는다.

그 근간은 리더십과 전문성을 갖춘 간부층이다. 초급간부의 붕괴는 전투력의 약화이자 지휘체계의 붕괴로 이어질 수 있는 심각한 문제다.

따라서 군복무 가산점 제도는 단순한 복지정책이 아니라, 국가안보를 유지하기 위한 구조적 개혁의 일부로 보아야 한다. 국가를 위해 헌신한 청년들이 '희생자'가 아니라 '국가적 자산'으로 인정받을 수 있을때, 진정한 자주국방의 기반이 마련될 것이다.

전시작전통제권 환수의 과제

전시작전통제권(이하 전작권)이란 전시(戰時)에 군사작전을 통제·지휘할 수 있는 권한을 뜻한다. 즉, 국가가 전쟁을 수행할 때 군을 어떻게 사용할지를 결정할 수 있는 가장 기초적이고도 핵심적인 권한이다. 우리에게 전작권 문제가 중요한 이유는, 전시 상황에서 국가의 생존과 주권의 행사가 전적으로 직결되기 때문이다.

대한민국의 전작권은 1950년 6·25 전쟁 이후, 전시 상황에 대응하기 위해 유엔군사령관에게 위임되었다. 종전 이후에도 한미 연합방위체제가 유지되면서 전작권은 한·미연합사령부(연합사)로 귀속되었다. 다만 평시(정전 상태)에는 1994년 12월 1일부로 한국 합참의장이 평시 작전통제권을 행사하도록 전환되었다. 따라서 현재의 현실 은 다음과 같이 요약된다.

평시(정상적 상황)와 국지도발 수준의 위협에 대해서는 한국 합참의장이 작전 통제를 할 수 있다. 그러나 전면전이 발발할 경우 전작권은 연합사(한미연합사령관)로 이양되어 연합사 지휘 체계에 의해 작전이 수행된다.

1950년 전작권을 유엔에 이양했던 당시의 맥락을 고려하면, 신생국가였던 대한민국은 정규군의 조직·전력 측면 에서 여전히 취약했고, 유엔군의 지원이 절대적으로 필요했던 상황이었다. 따라서 전작권 이양은 당시의 현실적 선택이었다.

전작권 환수 문제는 과거에도 논의된 바 있다. 노무현 정부 시절(2005년경)에는 2012년 환수를 목표로 준비되 었으나, 이후 정책·정권 교체와 현실적 제약으로 일정이 연기되었고 결국 잠정 중단된 상태다. 논의가 진척되지 못한 배경에는 예산·인력·훈련·통신·연합운용 능력 등 실무적 준비 부족과, 한·미 동맹의 유지 필요성에 대한 상이한 인식 등이 있다.

오늘날 대한민국은 과거와 달리 국력과 군사기술 측면에서 상당한 수준에 올라와 있다. 국방예산, 무기체계 국산화, 정보·통신 능력 등에서 눈에 띄는 발전을 이루었다. 전차, 함정, 미사일, 항공기 등 주요 분야에서 독자 개발·도입 능력을 갖추고 있으며, 많은 무기체계가 국제적 수준임을 인정받고 있다.

물론 북한은 핵·미사일이라는 비대칭적 위협을 보유하고 있고, 이는 전력 구성과 안보전략에서 반드시 고려해야 할 요소다. 핵 위협을 단순히 군사적 수단으로만 대응할 수 없다는 점도 분명하다. 핵 전략은 정치·외교·경제 등 국가의 모든 역량을 총동원하는 복합적 문제다.

전작권 환수는 단순한 군사주의적 자존심의 문제가 아니다. 그것은 국가 주권의 최후 책임을 국내에서 행사할 수 있는 능력을 확보하는 문제다. 전작권이 해외 지휘체계에 귀속되어 있다는 현실은, 전시 상황에서 대한민국 대통령과 합참의장이 최종적으로 통제권을 행사하지 못 할 가능성을 내포한다는 점에서 주권적 한계를 드러낸다.

따라서 전작권 환수는 다음과 같은 목적을 가진다.

첫째, 국가 주권의 실질적 확보이다. 전시 상황에서 자국 군을 자국의 판단으로 운용할 수 있는 능력 확보하는 것이다.

둘째, 독자적 전쟁수행 능력 강화이다. 전력·지휘통제·정 보·연료·물류 등 전반적 전시 운용능력의 완비하여야 한다.

셋째, 외교·안보에서의 협상력 제고이다. 자주적 방위 능력은 대외적 협상에서 국익을 관철할 수 있는 기반을 제공할수 있기 때문이다.

전작권 환수에는 분명한 여건이 필요하다. 기술적·물적· 인적 준비가 선행되어야 하며, 한·미 연합방위체제와의 원활한 연계가 보장되어야 한다. 따라서 다음과 같은 단 계적·현실적 보완책이 필요하다.

능력 평가와 단계적 전환이다. 통신·지휘·정보·물류 분야에서 요구되는 전시 운용능력을 객관적으로 평가하고, 단계적으로 환수 시점을 결정한다.

합동군 운용능력 강화이다. 합참과 각 군이 합동작전능력을 충분히 구축하도록 훈련·연습을 확대한다. 국제 공조의 유지다. 전작권 환수는 한미동맹을 약화시키는 것이 아니라, 동맹을 보다 대등하고 효과적으로 만드는 과정으로 설계되어야 한다. 국내 정치·사회적 합의가 필요하다. 안보는 정치적 이슈를 넘어 국가적 과제이다. 광범위한 사회적 합의와 투명한 과정이 필요하다.

최근의 국제정세는 예측 가능성이 낮아졌다. 동맹국의 정책 변화, 글로벌 전략 환경의 재편, 주변국의 군사·외교적 전략 변화는 환수 논의에 복잡성을 더한다. 그렇지만 불확실성 때문에 논의를 회피하는 것은 바람직하지 않다. 오히려 변화하는 환경에 대응하기 위한 자주적 능력 확보가 더 절실해진다.

전작권 환수는 대한민국이 주권국가로서 전시의 최종 결정을 스스로 내릴 수 있는 수준을 갖추기 위한 필수적 과제다. 그러나 그것은 단번에 이루어질 수 있는 일이 아니다. 실무적 준비, 제도 개선, 동맹과의 조율, 국론의 통합이 모두 병행되어야 한다.

따라서 능력기반의 단계적 환수, 동맹과 국제사회 협력, 국민적 공감대 확산이라는 원칙을 토대로 단계적이고 안정적으로 인수하여야 한다. 이러한 시대적 과업을 완수할 수 있는 능력있는 대통령과 국방부 장관과 군 수뇌부 가 등장 해주길 기대한다.

우물 안 개구리 대한민국 — 외교의 시야를 넓혀야 할 때

대한민국은 흔히 '통상국가(通商國家)'로 불린다.

통상이란 국가 간 물품과 서비스를 사고파는 교역 활동을 의미하며, 통상국가란 내수보다 무역을 중심으로 성장한 경제 구조를 가진 나라를 말한다. 이러한 특성을 지닌 대한민국에게 외교는 선택이 아닌 생존의 문제다. 외교의 역량과 방향성에 따라 국가의 성장, 산업의 확장, 국민의 삶이 달라진다. 그러나 우리의 외교 현실은 결코 녹록지 않다.

한국 외교의 가장 큰 문제는 일관성과 지속성의 부재다. 정권이 바뀔 때마다 외교 기조도 함께 뒤바뀌고, 정치적 이해관계에 따라 국익보다 정파적 이익이 우선시되는 일이 반복되고 있다.

이러한 구조 속에서 외교적 신뢰는 약화되고, 전문 외교관과 통상 인재의 육성은 단절되며, 국가의 장기 전략은 정권 교체 때마다 원점으로 돌아가 버린다.

문제의 본질은 분명하다. 외교정책이 국가의 장기적 이익을 위한 것이 아니라, 개인이나 정당의 단기적 이익에 따라 결정되어 왔다는 점이다. 정부와 정치인들은 국익 중심의 전략적 외교 대신, '보여주기식 정상외교', '성과 중심의 단기 이벤트 외교'에 집중해왔다. 그 결과, 우리 외교는 한때 국제사회의 모범이었으나 지금은 국가 정체성조차 흔들리는 불안한 상태로 전락하고 있다.

대한민국은 국민의 노력과 희생으로 전쟁의 폐허 속에서 세계 10위권의 경제 대국으로 성장한 나라다. 그러나 이 위대한 국민이 만들어낸 역사를 정치적 이념의 대립이 왜곡하고, 정권의 성향이 외교의 방향을 뒤흔드는 현실은 안타깝기 그지없다. 외교는 국가의 얼굴이며, 국민의 품격을 대표한다. 그럼에도 불구하고 우리의 외교가 정권의 이해관계에 따라 "리셋"되는 일이 반복된다면, 결국 손해를 보는 것은 국민 전체일 수밖에 없다.

이 악순환을 끊기 위해서는 정권을 초월한 외교 시스템이 필요하다. 특히 초당적 외교 자문기관의 설립이 시급하다. 이 기관은 특정 정부의 이념이나 정치적 입장에 휘둘리지 않고, 미국·중국·일본 등 주요국은 물론 아프리카, 중남미, 중동 등 전 세계 모든 수교국과의 외교 현안을 체계적으로 연구하고 장기적 대응 전략을 수립해야 한다.

또한 단순한 외교문서 작성 수준을 넘어, 각 국가의 문화·종교·역사·정치적 맥락을 통합적으로 이해할 수 있는 전문 외교 인재 육성 시스템을 구축해야 한다. 외교는 단순히 언어가 아닌, 맥락을 읽는 힘이기 때문이다.

글로벌 무대에서 통상국가로서의 입지를 지키려면 지금 까지의 외교방식으로는 한계가 분명하다. 외교관은 단순한 협상가가 아니라 국가 산업·안보·문화의 이해를 연결하는 국가전략가가 되어야 한다.

이를 위해 다음과 같은 방향이 필요하다.

첫째, 국가 외교 싱크탱크의 제도화 확립이 필요하다. 외교·안보·산업 전문가가 함께 참여하는 통합 연구체계를 구축해야 한다.

둘째, 전문 외교 인재 양성 프로그램이 필요하다. 국제법, 문화외교, 경제외교 등 분야별 심화 교육을 제도화를 통해 지속적이고 안정적인 외교 인재를 육성해야 한다.

셋째, 정치로부터 독립된 외교 시스템이 필요하다. 외교관 인사와 정책 방향이 정권 교체에 따라 좌우되지 않도록 법적·제도적 독립성을 확보해야 한다.

정치인들 역시 국내 정치의 좁은 틀에서 벗어나야 한다. 정쟁과 여론몰이에 매몰된 정치인은 국가의 외교력을 가장 먼저 훼손시킨다. '우물 안 개구리'처럼 한정된 시야로는 글로벌 질서 속의 국가 경쟁에 서 살아

남을 수 없다.

해외 순방이 단순한 외유성 행사가 아니라, 실질적인 경제협력, 문화교류, 안보연대의 장이 되어야 한다. 세계는 지금, 자국 이익을 위해 치열한 외교전을 벌이고 있다. 우리 역시 현실을 직시하고, 외교를 '정치의 부속물'이 아닌 '국가 생존의 전략'으로 격상시켜야 한다.

대한민국의 미래는 외교의 품격과 전문성에 달려 있다. 국가의 위상은 경제력보다 외교적 신뢰와 전략적 균형감에서 비롯된다. 외교는 정권의 도구가 아니라, 국민 전체의 삶을 지탱하는 국가의 언어다. 이제 대한민국은 우물 안의 개구리에서 벗어나 세계 속의 주체적 국가로 나아가야 한다. 지속적이고 일관된 외교정책, 초당적 협력, 그리고 전문인재 육성만이 국익이 바로 선 대한민국, 존중받는 통상국가 대한민국을 만드는 길이다.

8월 18일 '쌀의 날', 식량 안보의 중요성

8월 18일은 '쌀의 날'이다. 한자 '米(쌀 미)'를 분해하면 八(팔), 十(십), 八(팔)이 된다. 이는 한 톨의 쌀을 수확하기 위해 농부의 손길이 여든여덟 번 필요하다는 뜻을 담고 있다. 농업인의 노고에 감사하고 쌀의 가치를 되새기기 위해, 농림축산식품부와 농협은 2015년 이 날을 '쌀의 날'로 제정했다.

쌀은 오랜 세월 동안 우리 민족의 삶과 문화를 지탱해 온 주식이자 정신의 상징이었다. 단순한 식량을 넘어 제례와 명절, 잔치와 일상의 모든 순간에 함께하며 공동체의 중심에 자리해왔다. 그러나 오늘날 쌀의 위상은 크게 달라졌다. 식생활이 서구화되고, 간편식과 외식 문화가 확산되면서 쌀 소비는 해마다 줄어드는 추세다.

통계청 자료에 따르면 2023년 1인당 쌀 소비량은 56.4kg으로 전년 대비 0.6% 감소했다. 불과 30년 전인 1993년 110.2kg에서 절반 수준으로 줄었으며, 통계 집계가 시작된 1963년 이후 최저치다. 하루로 환산하면 약 154g, 즉 밥 한 공기 정도에 불과하다. 밥이 더 이상 우리 식탁의 중심이 아니라는 사실을 보여주는 대목이다.

쌀 소비 감소를 단순한 식습관의 변화로만 볼 수는 없다. 세계는 지금 기후위기, 농업용수 부족, 전쟁, 공급망 붕괴 등으로 식량 위기를 현실적으로 맞이하고 있다. 각 국은 종자 개량, 생산성 향상, 스마트농업 기술 개발 등 '보이지 않는 식량 전쟁'을 벌이고 있으며, 식량 확보 능력이 곧 국가 안보의 핵심 역량으로 간주되고 있다.

2023년 여름 일본에서는 폭염으로 쌀 생산량이 급감했 다. 이에 더해 난카이 대지진에 대한 불안, 사재기 현상, 유통 구조의 왜곡, 정부의 대응 실패가 겹치면서 쌀 가격은 한 해 만에 13% 이상 급등했다. 이는 단순한 경제 문제가 아니라, 국민의 생활 안정과 국가 체계 유지에 직결된 식량 안보 위기였다. 이 사례는 우리에게도 중요한 메시지를 던진다. 농업이 단순한 산업이 아니라, 국가 안보의 최후 보루라는 사실이다.

국제사회 역시 식량 안보를 전략적 의제로 다루고 있다. 아시아태평양경제협력체(APEC)는 2025년 회의에서 21개 회원국이 함께 '2030 식량 안보 로드맵'을 점검하고, 농식품 분야의 혁신 사례와 인공지능(AI) 기반 협력 방 안을 논의했다. 식량 안보는 더 이상 농업의 문제가 아니다. 에너지, 환경, 안보, 외교가 교차하는 복합안보 문제로 인식되고 있다.

특히 글로벌 공급망이 상호의존적 구조로 얽혀 있는 오늘날, 한 국가의 식량 위기는 곧바로 다른 국가의 경제와 외교에 영향을 미친다.

일부에서는 "쌀이 남아돌면 수입하면 되지 않느냐"는 주장도 제기한다. 그러나 이는 식량 안보를 외부에 의존하겠다는 위험한 발상이다. 우리는 이미 요소수 대란, 우크라이나 전쟁, 팬데믹 등을 통해 공급망 불안이 얼마나 빠르게 국민의 일상과 산업을 흔들 수 있는지 경험했다. 쌀이 '남아도는 것처럼 보이는 시기'에도 정부가 생산 기반을 유지하고 농가를 보호해야 하는 이유가 바로 여기에 있다. 식량은 시장 논리로만 접근할 수 없는 국가 전략자산이다.

'쌀의 날'은 단순히 농민의 땀방울에 감사를 전하는 날이 아니다.

그날은 우리가 식량 주권(Food Sovereignty)을 지키고 있는가를 스스로 성찰하는 날이다. 밥 한 공기 속에는 수많은 농민의 손길, 그리고 농업 기반을 지탱하는 사회의 시스템이 함께 들어 있다. 쌀의 가치를 잊는 것은 곧 국가의 지속가능성을 잃는 일이다.

오늘 우리는 쌀 소비 감소라는 현실 앞에 서 있지만, 동시에 식량 안보 강화라는 국가적 과제를 안고 있다. 식량 자급률을 높이고, 농업 인프라를 현대화하며, 농촌 인구의 고령화에 대응하지 못한다면 미래의 안보 위기는 총이 아닌 식탁에서 시작될 것이다. 이 책을 통해, 대한민국의 근간인 농업인과 농업 관련 산업 종사자분들의 헌신에 깊은 감사의 뜻을 전한다.

캄보디아 스캠 사건으로 바라본 대한민국의 외교

최근 발생한 캄보디아 범죄 사건은 단순한 해외 범죄 사건이 아니다. 이 사건은 과거부터 이어져 온 구조적 문제의 폭발이자, 우리 사회가 외교와 청년 보호 체계를 어떻게 방치해왔는지를 보여주는 거울이다.

캄보디아의 이른바 '스캠(Scam) 단지' 사건은 고수익 해외 취업을 미끼로 한국인을 유인해 납치·감금하고, 보이스피싱과 불법 온라인 사기에 강제 동원한 사건이다. 특히 2025년 8월, 한국인 대학생이 고문 끝에 숨진 사실이 드러나면서 여론이 들끓었고, 그의 유해가 국내로 돌아오면서 국민적 공분이 폭발했다. 정부는 급히 합동 대응팀을 파견해 단속과 수색을 진행하고, 구금된 피해자 64명을 전세기로 송환했으며 일부 가해자는 국내에서 수사 중이다.

이후 외교부는 보코산·바벳·포이펫 지역을 여행금지 지역으로, 시하누크빌 주를 출국권고 지역으로 지정했다. 그러나 여전히 현지에는 구조되지 못한 한국인이 다수 남아 있는 것으로 알려져 있으며, 피해자는 지속적으로 발생하고 있다.

피해자의 대부분은 20~30대 남성 청년층이다.

취업난, 주거비 상승, 생활비 부담, 채무 등으로 압박받던 청년들에게 '단기·고수익·해외취업'이라는 문구는 탈출구처럼 보인다. 하지만 일단 발을 들이면 돌아오지 못하는 덫이 기다린다.

이 문제를 개인의 탐욕으로만 돌릴 수는 없다. 그만큼 우리 사회가 청년에게 안전한 경제적 통로를 제공하지 못했다는 반증이다.

이번 사건의 1차적 가해자는 물론 현지 권력층과 중국계 범죄조직의 결탁이다. 캄보디아는 사법제도와 행정력이 취약하고, 경찰과 공무원이 범죄조직과 유착되어 있다는 지적이 끊이지 않는다. 그러나 이 사태는 단순히 '타국의 부패'로만 설명될 수 없다.

탈출한 피해자가 주캄보디아 대사관에 구조를 요청했지만 "근무시간이 끝났으니 내일 연락하라"는 답변을 들었다는 증언은 우리 외교 대응 체계의 치명적 결함을 드러냈다.

밤과 주말에 공관 전화가 '벽'처럼 느껴지고, 위기 상황마다 "인력이 부족하다"는 답변이 반복되는 현실이다. 이것은 개인의 실수가 아닌 시스템의 실패다.

이번 사건은 우리 외교 행정의 근본적 한계를 여실히 보여준다.

첫째, 외교부는 취약한 인력 구조의 문제점을 갖고 있다. 외교부 전체 인력은 약 2,900명 수준으로, OECD 주요국 평균의 절반에도 미치지 못한다. 통상국가이자 글로벌 의존도가 높은 대한민국이 이 정도의 외교 인력으로 재외국민 보호, 협상, 다자외교, 안보 외교를 수행한다는 것은 국가 규모에 비해 턱없이 부족한 수준이다.

두 번째, 폐쇄적 인사 구조와 시험 중심 선발구조를 갖고 있다. 외교부의 핵심 직위는 대부분 외무고시(현 외교관 후보자 선발시험) 출신으로 구성되어 있다.

전문성과 실무 경험보다는 시험 성적 중심의 인력 구조가 고착되면서 다양성과 유연성이 결여된 채, 현실적 위기 대응능력이 떨어지는 조직 문화가 형성되었다.

셋째, 정권 의존적 인사와 현장 분리 현상을 반복하고 있다. 대사, 차관 등 주요 보직이 정권 교체 때마다 정치적 인사로 채워지는 관행도 문제다. 외교는 정권의 도구가 아니라 국가의 지속적 기능이어야 함에도, 전문 외교관보다 외부 인사가 수시로 임명되면서 실무진의 피로와 책임만 가중되고 있다.

이제 외교는 '시험 잘 보는 관료 집단'의 영역이 아니라, 국민 생명과 직결된 국가안보의 핵심 분야로 재정의되어야 한다.

이를 위해 다음과 같은 변화가 절실하다.

첫째, 외교부 인재 구조의 다변화가 필요하다. 외무고시 출신 일변도의 선발 구조를 벗어나 법률, 정보보안, 국제 개발, 위기관리, 인권 등 다양한 분야의 전문가를 채용해야 한다. 특히 3급·4급 실무 직위에 외부 전문가가 유입될 수 있는 개방형 인사 제도를 확대해야 한다.

둘째, 재외공관의 위기 대응력을 강화해야 한다. 24시간 상시 대응 가능한 '위기 대응 컨트롤 타워'를 설치하고, 단순 보고 체계를 넘어 현장 신속조치를 가능케 하는 권한 분산이 필요하다. 해외 거점 공관에는 지역 언어 능력자 및 심리·안보 전문가를 배치해야 한다.

셋째, 외교 인력의 절대적 확충이 필요하다. 외교 인력은 단순 행정 인력이 아니라 국가 전략 인력이다. OECD 평균 수준으로 인력을 증원하고, 재외공관별 업무량에 따른 탄력적 배치 시스템을 도입해야 한다.

캄보디아 스캠 사건은 '외교력 부재'가 단순 행정 실패가 아니라, 국가안보의 공백으로 이어질 수 있음을 보여주었다. 전쟁이 총과 포로만 벌어지는 시대는 끝났다. 이제는 사이버·금융·인적 네트워크 속에서 국민의 생명과 재산이 위협받는다. 이런 위기 앞에서 외교부가 제 역할을 하지 못한다면 그 피해는 결국 국민에게 전가된다.

캄보디아 사건은 외교의 본질이 무엇인지 다시 묻고 있다. 국가의 외교는 국익을 위한 협상만이 아니라, 자국민의 생명과 안전을 지키는 마지막 보호막이다. 외교부가 변화하지 않는다면, 우리는 또 다른 캄보디아, 또 다른 해외 비극을 반복하게 될 것이다.

이번 사건을 계기로 우리 정부가 국제 범죄 대응 능력, 외교 인력 구조, 재외국민 보호 시스템을 전면 재검토하길 바란다. 국민의 생명을 지키는 외교, 그것이 진정한 국가 안보다.

교육

대한민국의 근간, 공교육

우리나라의 근대 역사는 일제강점기와 6·25전쟁이라는 깊은 상처 속에서 시작되었다. 전 국토가 폐허가 된 전쟁 이후, 대한민국은 지하자원도, 풍부한 천연자원도 없었다. 오직 남은 것은 '사람'이라는 자원뿐이었다. 그 절망의 시대 속에서 대한민국이 '한강의 기적'이라 불리는 고도 성장을 이뤄낸 근본적인 힘은 바로 교육이었다.

건국 이후의 세대는 스스로 굶고 헐벗더라도 자녀만큼은 공부시켜야 한다는 믿음으로 교육에 모든 것을 걸었다. 학교 건물을 짓기 위한 마을 주민들의 품앗이, 야간학교에서 아이들을 가르치던 봉사 교사들, 라면 공장에서 일하며 등록금을 보탰던 부모의 손길까지 이것이 대한민국 교육의 뿌리였다.

교육은 단지 생계의 수단이 아니라 희망의 사다리이자, 세대간 신뢰의 끈이었다. 그 덕분에 대한민국은 전쟁의 폐허에서 세계 선진국으로 도약

할 수 있었다.

그러나 시간이 흐르며 교육은 점차 목적을 잃고 수단만 남게 되었다. 1980~1990년대를 거치며 입시 중심 경쟁은 과열되었고, 체벌과 강압적인 분위기 속에서 학생들은 억압된 채 성적을 위해 달려야 했다. '왕따', '학교폭력', '자살' 등 시대가 변할수록 그 이름은 달라졌지만, 교육현장의 고통은 형태만 바뀌어 계속되어 왔다.

최근 들어서는 학생 인권의 확장과 교권의 약화가 동시에 진행되면서, 교사는 학생을 제대로 지도하기 어렵고, 학부모의 과도한 개입은 교실을 '상담실'이 아닌 '분쟁의 장'으로 만들고 있다. 입시 위주의 경쟁 속에서 학생들은 인성·도덕·공동체 의식을 배울 여유를 잃었고, 성적과 스펙이라는 숫자 속에서 인간으로 성장할 기회를 빼앗기고 있다.

지식은 많아졌지만, 사람다움은 줄었다. 협력보다 경쟁이, 공감보다 이김이 우선되는 사회 속에서 교육의 본질은 점점 흐려지고 있다. 과거의 교육이 체벌과 권위의 문제를 안고 있었다면, 지금의 교육은 방임과 책임 부재라는 새로운 문제에 직면해 있다.

오늘날의 교실은 "인성을 배우지 못한 아이들과, 인성을 지도하기 어려운 교사들이 함께 있는 공간"이 되어버렸다.

학교는 단순한 학원이 아니다.

학생들이 다양한 배경을 가진 친구들과 함께 어울리며, 부모의 경제력이나 성적과 무관하게 서로를 이해하고 존중하는 법을 배우는 사회의 축소판이다. 서로 다른 환경에서 자란 아이들이 부딪히고, 화해하고, 협력하는 과정 속에서 사회성을 기르고 인성을 형성한다.

그러나 지금의 교육 현장은 '성적'과 '입시'라는 좁은 틀에 갇혀 학생들에게 타인을 배려하고 함께 살아가는 법을 가르칠 여유를 빼앗고 있다.

결국 학교가 '사람'보다 '점수'를 먼저 가르치는 공간이 되면서 학생들은 외로움과 무관심 속에서 방황하고, 사회는 점점 더 냉정한 경쟁의 장으로 변하고 있다.

이제 우리는 다시 교육의 본질을 회복해야 한다.

교육은 지식을 주입하는 것이 아니라 사람을 길러내는 일이다. 이를 위해 다음과 같은 방향이 필요하다.

첫째, 교사-학생 관계 회복 시스템 구축이다. 교사는 단순한 지식 전달자가 아니라 학생의 삶과 감정을 함께 돌보는 사람이다. '생활지도 중심 교사 관리 시스템'을 도입해, 학생의 정서·행동·관계를 지속적으로 살필수 있는 생활코디네이터 제도를 운영해야 한다.

둘째, 교사 대상 인성교육 정례화가 필요하다. 교사에게도 인성 교육은 필수다. 생활지도와 윤리의식 강화를 위한 정기적인 연수와 평가 체계를 마련하고, 교사의 말과 행동이 곧 학생에게 인성의 모범이 되도록 교사 인성평가 시스템을 도입해야 한다.

셋째, 학생 대상 인성·도덕·체육 교육 강화가 필요하다. 입시 위주의 교육에서 벗어나, 토론·윤리·봉사·체육 등 균형 잡힌 전인교육 커리큘럼을 강화해야 한다. 협력, 배려, 책임감, 공동체 의식을 가르치는 교육이야말로 미래 사회의 진정한 경쟁력이다.

넷째, 교권 보호와 학부모 협력 강화이다. 교사는 학부모의 감정풀이 대상이 아니다. 무분별한 민원 제기를 제어하고, 교사·학부모·학생 간 소통을 중재하는 학교 내 갈등조정위원회를 활성화해야 한다. 교사의 자율성과 권한은 교육의 품질과 직결된다.

대한민국은 이미 국제 무대의 선두에 서 있다. 이제 교육도 그 위상에 걸맞은 변화를 시작해야 한다. 그 변화는 성적을 높이는 교육이 아니라 사람을 키우는 교육, 즉 전인교육에서 출발해야 한다. 전인교육이 무너진 사회는 자살률 증가, 은둔형 청년, 묻지마 폭행 같은 사회적 병리현상을 되풀이하게 될 것이다.

지금 우리에게 필요한 것은 경쟁이 아닌 공감, 입시가 아닌 인성이다. 우리는 다시, 교육의 출발점이었던 질문으로 돌아가야 한다.

그 답은 분명 '사람다운 사람을 육성하는 일이다.'

3.
성장하는 도시 안양

지속 가능한 성장도시, 안양의 미래

제21대 대통령 이재명 후보 공약으로 바라보는 안양의 미래

전국 17개 시·도별 공약과 추진 과제를 발표했다. 이 가운데 안양시와 직접적으로 연관된 주요 공약은 다음과 같다.

- 경부선 철도의 단계적 지하화 추진
- 노후 시설 정비 및 낙후 주거 환경 개선(평촌 노후 계획도시의 미래형 스마트도시 전환, 경기 노후산단의 스마트그린산단 재정비)
- 인구 구조 변화에 따른 지원 확대 및 삶의 질 향상 (통합교육지원청 분리 추진)
- 서울시 AI·IT 산업밸리 조성 (구로·금천·테헤란로·양재 일대)

안양은 수도권 남부의 관문으로 지리적 이점이 있다. 서쪽으로 광명·서울(구로·금천)·시흥, 남쪽으로 군포·의왕, 동쪽으로 과천과 접한 수도권 남부의 중심 도시다.

이처럼 도시간 접근성이 뛰어나고 교통·산업 네트워크가 밀집한 입지적 장점을 활용하면 안양은 단순한 주거 도시를 넘어 산업·문화·교육이 융합된 자족형 도시로 성 장할 수 있다.

특히 현재 추진 중인 서안양 친환경 융합 스마트밸리를 서울 구로·금천, 광명역 일대의 AI·IT 산업벨리 생태계와 연계한다면 지역 간 시너지를 창출하는 '수도권 서남부 초연결 산업축'이 형성될 수 있다. 이는 곧 안양의 산업 구조를 미래형 첨단산업 중심으로 재편하는 기반이 될 것이다.

안양의 도시 발전을 가로막는 핵심 과제 중 하나는 경부선 철도 구간의 단절 문제다. 석수역-관악역-안양역-명학역 구간을 단계적으로 지하화하고 지상 부지를 녹지축과 복합개발 공간으로 재탄생 시킨다면, 만안의 도시 구조는 완전히 새롭게 바뀔 것이다.

이는 단순한 교통 인프라 개선을 넘어 도시의 환경·산업·문화·주거 기능을 통합하는 도시 재창조 프로젝트가 될 수 있다. 철도 지하화를 통해 분리된 도시 공간을 하나로 연결하고, 주민 중심의 친환경 복합공간을 조성한다면 안양은 '산업과 삶이 공존하는 도시'로 진화할 수 있 다.

과거 안양은 금성통신, 노루표페인트, 유한양행, 삼덕제지, 유유산업 등 굴지의 대기업 공장이 밀집한 대표적 산업도시였다. 그러나 1990년대 이후 산업 구조 변화와 함께 많은 기업이 외부로 이전하면서 일자리 감소, 세수 축소 등 도시 경쟁력 저하에 직면했다. 산업의 다변화는 시대의 흐름이지만, 그 변화가 도시의 미래 비전과 시민의 안전·삶의 질을 중심으로 설계되어야 한다. 지금 필요한 것은 과거 산업도시의 유산을 계승하면서도,

새로운 산업 생태계를 구축하는 도시 산업의 재도약 전략이다.

안양의 지속 가능한 성장을 위해서는 기존 산업의 고도화와 함께 미래 산업을 선도할 기업 유치가 필수적이다. 이를 통해 기업-대학-연구기관-지자체가 유기적으로 협력하는 혁신 클러스터를 조성해야 한다. 스마트 제조, AI·ICT, 바이오헬스, 친환경 에너지 등 4차 산업혁명 핵심 분야의 기업을 집중 육성함으로써 안양은 일자리 창출과 세수 확대, 인구 유입이 동시에 이뤄지는 선순환 도시 모델을 구축할 수 있다.

안양 만안 국회의원 강득구 의원의 10대 공약에는 이재명 정부의 비전과 맞닿은 지속 가능한 도시 발전 전략이 담겨 있다.

- 박달스마트시티 조속 건설 및 박달역 신설 추진
- 국철 1호선 전 구간 지하화
- 소상공인·자영업 상권 활성화 프로젝트 추진
- 만안구 중심 글로벌 미래교육센터 건립

이 네 가지 공약은 각각 산업·교통·경제·교육이라는 도시 성장의 핵심 축을 아우르며, 안양이 장기적으로 나아가야 할 발전 방향을 제시하고 있다.

지속 가능한 도시의 성장은 행정만으로 이뤄지지 않는다. 대기업, 중소기업, 소상공인이 협업하고 상생할 수 있는 구조가 마련되어야 한다. 대기업의 기술력, 중소기업의 유연성, 소상공인의 지역 밀착성을 연결하는 산업 상생 플랫폼을 통해 안양은 진정한 의미의 스마트 행복도시로 발전할 수 있다. 결국 도시 경쟁력의 본질은 사람과 기업이 함께 성장하는 구조에 있다. 산업 생태계를 체계적으로 구축하고, 혁신이 일상화된 도시 환경을 만들어갈 때 안양은 수도권을 넘어 대한민국의 대표적 혁신 도시로 자리 잡게될 것이다.

안양은 과거의 영광을 넘어, 미래 산업과 시민이 공존하는 새로운 도약의 길에 서 있다. 경부선 지하화, 스마트벨리 연계, 박달스마트시티 조성 등 이 모든 정책은 단순한 개발이 아니라 사람 중심의 성장 비전을 실현하기 위한 기반이다.

이제 안양은 성장보다 지속, 산업보다 사람, 개발보다 상생을 중심에 두어야 한다. 그럴때 비로소 안양은 '지속 가능한 미래 도시'로 완성될 것이다.

청년 네트워크 중심지, 안양1번가 재활성화 방안

안양1번가는 안양역을 중심으로 형성된 대표적인 번화가로, 안양시의 성장과 함께 발전해온 상징적인 도시 중심지다. 1974년 수도권 전철 1호선 개통과 함께 안양역은 교통의 허브로 자리 잡았고, 1979년에 조성된 지하상가 역시 2004년 보수 이후 현재까지 시민들의 발길이 이어지고 있다.

특히 1990년대에는 인구 유입과 뛰어난 교통망, 다양한 상업 콘텐츠가 결합하며 "발 디딜 틈이 없는 상권"으로 불릴 정도로 활황을 누렸다. 당시 안양1번가는 대형 나이트클럽 3곳과 다수의 유흥주점이 모여있던 대표적인 경기 남부의 유흥·소비 중심지였다.

하지만 2000년대 들어 평촌 신도시의 부상, 잦은 사건· 사고, 그리고 코로나19 팬데믹을 거치며 안양1번가는 점차 활기를 잃기 시작했다. 현재는 공실률이 20%를 넘어서는 등, 과거의 명성과 위상을 되찾지 못하고 있다. 도시는 생명체와 같다. 시대의 흐름에 따라 도시의 기능과 역할이 바뀌어야 하지만, 안양1번가는 여전히 1990년대식 소비중심 상권 구조에 머물러 있다. 그 결과, 변화한 소비 트렌드와 젊은 세대의 취향을 반영하지 못한 채 정체 상태에 빠졌다.

오늘날 서울의 성수동, 홍대, 강남 등 주요 번화가는 더이상 대형 유흥시설이 중심이 아니다. 대신 체험형 콘텐츠, 커뮤니티 공간, 문화예술 기반의 복합 공간이 도시의 매력을 이끌고 있다. 즉, 단순히 '돈을 쓰는 곳'이 아니라 '경험하고 소통하는 곳', 그리고 '자신의 라이프스타일을 표현할 수 있는 곳'이 젊은 세대를 끌어들이는 핵심 요소가 된 것이다.

안양1번가 반경 3km 이내에는 4개 대학, 총 3만 1천 명이 넘는 청년 인구가 밀집해 있다. 그러나 이들 중 상당수는 안양1번가를 찾지 않는다. 그 이유는 간단하다. 그들이 머물 이유가 없기 때문이다. 청년 세대는 단순한 소비보다 자기표현, 네트워킹, 문화적 경험을 중시한다.

하지만 현재 안양1번가에는 이를 담아낼 콘텐츠가 부족하다. 이 점이 바로 1번가 상권이 침체된 근본적인 이유다.

이제 안양1번가는 소비 중심의 상권에서 문화·창업·커뮤니티 중심의 복합 도시공간으로 재편되어야 한다. 이를 위해 다음과 같은 구체적 방향을 제시한다.

첫째, 상권의 다변화를 통한 '머무는 공간'으로의 전환이 필요하다. 현재 1번가의 상권은 음식점, 미용실, 화장품 등 일회성 소비 중심 업종이 대부분이다. 이제는 체험형 공방, 전시·예술 공간, 청년 창작 스튜디오, 소규모 공연장, 복합 커뮤니티 공간 등 청년들이 머물며 활동할 수 있는 공간으로 재구성해야 한다. 특히 2025년 7월 개관한 '안양청년1번가'는 이러한 변화를 촉진할 핵심 거점이 될 수 있다. 청년창업, 전시, 소모임, 공연이 공존하는 열린 공간으로 기존 상권에 새로운 활력을 불어넣을 수 있을 것이다.

둘째, 청년 연계 활성화로 대학과 지역이 함께 숨쉬는 거리를 만들어야 한다. 안양1번가 인근의 대학들과 연계한 청년 중심 프로그램 이 필요하다. 안양 관내 대학의 경우 3~5%의 할인을 적용하고 그 비용의 일부를 정부 보조금으로 지원한다거나, 청년단체 및 청년 사업가들과 협업한 청년문화축제를 정례화하면 자연스러운 유입 확대를 기대할 수 있다. 안양시는 이미 시 주관 청년축제를 1번가에서 개최하고 있다. 이를 바탕으로, '지역 대학 + 청년창업 + 지역상권'이 연계되는 상생 구조를 구축한다면 청년들이 자연스럽게 찾아오는 거리로 재탄생할 수 있을 것이다.

셋째, 문화도시로의 전환을 통하여 '밤의 거리'에서 '빛의 거리'로 과거 유흥 중심의 밤거리가 아닌, 문화와 예술이 숨쉬는 야간 문화 거리로 재구성해야 한다. 미디어아트, 야간 버스킹, 청년 플리마켓, 거리 퍼포먼스 등을 정례화해 '밤이 아름다운 도시', '청년이 머무는 거리'라는 새로운 정체성을 부여할 필요가 있다. 이러한 변 화는 단순한 상권 회복을 넘어 도시 이미지 회복과 청년 유입 확대라는 두 가지 효과를 동시에 가져올 것이다. 안양1번가는 여전히 지리적·문화적 잠재력이 풍부한 공간이다.

서울과의 접근성이 뛰어나고, 대학·청년·문화시설이 인접해 있어 재도약의 토대는 충분하다. 이제 필요한 것은 공간의 전환과 세대의 연결이다. 상권을 콘텐츠 중심으로 재편하고, 청년 네트워크를 기반으로 한 지속 가능한 도시 생태계를 조성한다면, 안양1번가는 다시 한 번 청년이 모이고 문화가 살아 숨쉬는 도시의 심장부로 부활할 수 있을 것이다.

청년,
대한민국의 미래를 꿈꾸다

초판 1쇄 인쇄 2025년 12월 12일

초판 1쇄 발행 2025년 12월 17일

지은이 이중민

출판사 북퍼브

주소 경기도 고양시 덕양구 향동동 396

전화 070-4269-9223

홈페이지 www.bookself.co.kr

E-메일 bookpub78@naver.com

ISBN 979-11-7482-073-0